AF282203

Konsens ist 6y!

Ein Mitmachzine über deine Sexualität

Leo Birdo

2024

"Konsens ist 6y!" ist ein Selbstlernangebot für Alle, die sich mit ihrer Sexualität und sexuellen Aktivität auseinandersetzen möchten. Knallige Farben, Diskriminierungssensibilität, Empowerment. Mit vielen Möglichkeiten zum Nachdenken, Ausfüllen, Kritzeln und Ausprobieren will "Konsens ist 6y!" spielerisch zur Enttabuisierung von Lust, Unlust und Neugier beitragen und dazu ermutigen eigene Grenzen wahrzunehmen und zu kommunizieren. Input und Prävention sowie Reflektionsangebote, biographische Arbeit und viele kleine Comics und BIlder und viel Abwechslung der Methoden machen das Buch richtig spannend (auch für neurodivergente Personen und Leute mit gerinder Aufmerksamkeitsspanne!).
Beim Check-In nach jedem Kapitel besteht die Möglichkeiten mit konkreten Fragestellungen zu arbeiten.

Konsens ist 6y ist eine Projektarbeit, die 2022 im Rahmen einer sexualpädagogischen Weiterbildung entstanden ist.

Bibliografische Information der Deutschen Nationalbibliothek:
Die Deutsche Nationalbibliothek verzeichnet diese Publikation in der
Deutschen Nationalbibliografie; detaillierte bibliografische Daten sind im
Internet über dnb.dnb.de abrufbar.

Verlag:
BoD · Books on Demand GmbH,
In de Tarpen 42, 22848 Norderstedt
Druck: Libri Plureos GmbH, Friedensallee 273, 22763 Hamburg

ISBN: 978-3-7597-9423-9

HEY DU,

Wie schön, dass du reinschaust, denn dieses Zine ist genau für dich.

Es kann dir eine Unterstützung sein, Worte zu finden, um über Sex zu sprechen und so Sexualität für dich selbst und die, mit denen du sie teilen magst, sicherer, lustvoller und bewusster zu gestalten. Viele gehen davon aus, (und so wird es uns auch in Filmen und Serien sowie Literatur und Porno vermittelt):

~ richtig guter Sex funktioniert ohne Worte~

Genau falsch!
Es ist andersherum.
Guter Sex für alle BRAUCHT Worte!

oder ist das (immer) ge

① eine Person einfach an sich heranziehen

② ungefragt küssen

③ sich problemlos gegenseitig ausziehen während d

④ weitergeknutscht und zielsicher ein Ort aufgesucht wird an dem

TÜR

⑤ kurz Oralsex stattfindet um dann

⑥ zu penetrieren. (wer wen ist, klar!) Orgasmus gemeinsam, Na klar!

(Sex in ca. allen Filmen, die ich als jugendliche Person gesehen habe)

Diese Worte müssen nicht immer alle ausgesprochen sein, aber zumindest in unseren Köpfen rumgeistern und die erlernte und absolut berechtigte Scham und Angst im Bezug auf uns, unsere Körper und unsere Grenzen langsam ersetzen.
Guter Sex braucht Kommunikation - als allererstes mit uns selbst.

Sex, mit dem sich alle wohlfühlen sollen, braucht eine Sprache!
Die Sprache die ich vorschlage heißt *Konsens* ✦

Wer Konsens lernen möchte, kommt nicht daran vorbei, sich mit dem eigenen Körper, der eigenen Geschichte, sowie Bedürfnissen und Grenzen auseinanderzusetzen - und schon das ist überhaupt nicht leicht.

Auf den nächsten Seiten findest du sowohl ein paar Infos, Spielchen und Empfehlungen, als auch Angebote zum Nachdenken oder kreativ werden, die dir dabei helfen können.
Versprochen, es lohnt sich!

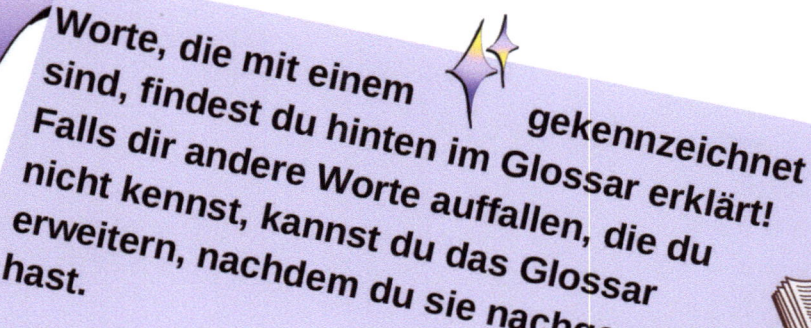

Worte, die mit einem ✦ gekennzeichnet sind, findest du hinten im Glossar erklärt! Falls dir andere Worte auffallen, die du nicht kennst, kannst du das Glossar erweitern, nachdem du sie nachgeschaut hast.

Was du brauchst:
Zeit, Raum und Lust, dich mit dir auseinanderzusetzen.
Und ein Stift - ein Stift wäre gut!
Falls du regelmäßig kritzelst oder schreibst,
hast du sicher Lieblingstifte!
Viele Farben schaden nicht, sind aber kein Muss!

Hol sie dir her! Vielleicht magst du das ganze Zine an einem Sonntagnachmittag auf dem Balkon ausfüllen, vielleicht stückweise

-

es gibt nur eine Regel:

ACHTE AUF DICH SELBST DABEI

Dieses Heft soll dir zu Gute kommen und keinen Druck auslösen oder dich in Situationen bringen, die für dich schwer auszuhalten sind. Wenn dir etwas zu viel ist- überspring' die Seite oder mach sie wann anders.
Wenn du wütend wirst, kannst du sie zB rausreißen oder durchstreichen. Dein Heft, deine Regeln.

Wenn dir nicht gefällt, wie ich etwas gemalt oder geschrieben habe, oder es Platz für deine eigenen Gedanken und Bilder nimmt: überklebe es zB mit Blanko Aufklebern oder pack TipEx drauf..

Und sprich gerne mit deinen Freund*innen oder Partner*innen darüber.

Vielleicht wollen sich friends von dir ja auch ein Heft besorgen, dann könnt ihr euch regelmäßig austauschen.
- Jetzt übernimmst du!

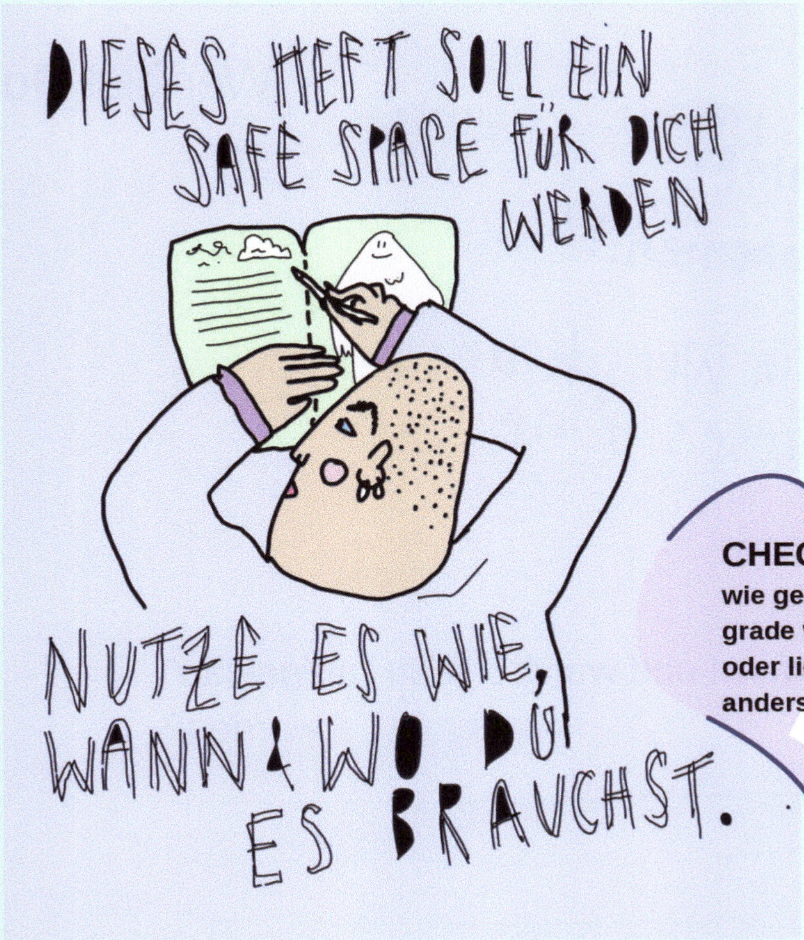

DIESES HEFT SOLL EIN SAFE SPACE FÜR DICH WERDEN

NUTZE ES WIE, WANN & WO DU ES BRAUCHST.

CHECK IN:
wie gehts dir? Magst du grade weitermachen oder lieber wann anders?

Es begegnen dir immer wieder kleine lila Check-In Herzen: Nimm dir wirklich einen Moment Zeit um in dich zu gehen und zu entscheiden, ob du grade die Ruhe und Kapazitäten dazu hast, dich mit dem nächsten Thema auseinanderzusetzen.

Die Seiten sind unten rechts zur Orientierung mit der Kapitelzahl markiert.

Name:

Pronomen:

Dein Wunsch an dieses Zine :

Von wem und wann bist du "aufgeklärt" worden?

_____

_____

_____

_____

Was hast du dabei für dich Wichtiges über Sex gelernt?

_____

_____

_____

_____

_____

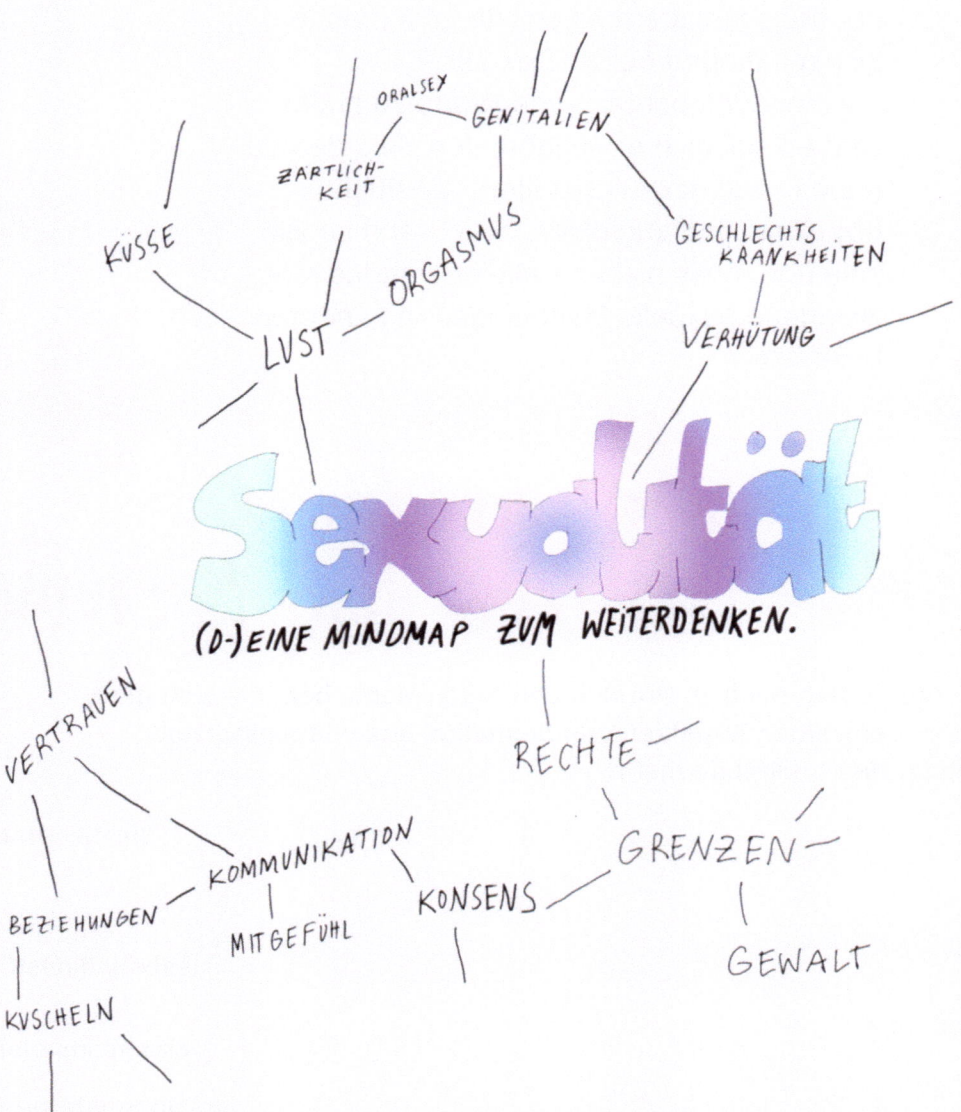

KÜSSE · LUST · ORGASMUS · ORALSEX · ZARTLICHKEIT · GENITALIEN · GESCHLECHTSKRANKHEITEN · VERHÜTUNG · VERTRAUEN · BEZIEHUNGEN · KUSCHELN · KOMMUNIKATION · MITGEFÜHL · KONSENS · RECHTE · GRENZEN · GEWALT

Sexualität

(D-)EINE MINDMAP ZUM WEITERDENKEN.

Du merkst - das Thema ist riesig!
Viele Teilthemen werden in diesem Zine auch nur angeschnitten- es soll dir Lust machen, sich mit dir und deiner Sexualität auseinanderzusetzen und Worte zu finden. Und es soll dich ermutigen, den Sex, den du haben wirst, so zu gestalten, wie du ihn brauchst. Und auch hier: "Sex" kann so viel sein und muss nicht für alle oder jedes Mal zwingend sexuelle Handlungen mit anderen beinhalten.

Folg erst der Linie, dann dem Account.

Fahre die Routen nach zu Profilen von tollen Menschen, die sich ganz genau mit einzelnen Aspekten von Sexualität auseinandersetzen. Hinten im Heft findest du mehr!

KONSENS   @jona_thanuki

QUEERNESS   @isabelladavis6

PORNO   @crashpadseries

GEWALT   @konsenslernen

KÖRPER-NORM   @fuckyeah_sexshop

SEX TOYS   @sexualcoreconfidence

SeX TaLk

WIESO SO SCHWER?

Weil Sex (vor Allem für nicht cis-männliche Personen), **lange ein mega Tabuthema war** und teilweise immer noch ist. Das kommt auf die Sexualkultur an - auch im heteronormativen ✧ Deutschland gibt es da super viele unterschiedliche. Die Sexualkultur ist abhängig davon, wie die Themen Sex, Körper und Lust in unserem Umfeld, vor Allem in der Kindheit, behandelt werden. Zwar umgibt uns Sex in verschiedenen Facetten quasi überall, ehrlich drüber zu sprechen, ist aber in den meisten Settings eher schwierig.

Weil wir alle unterschiedliche (Scham-)Grenzen haben und die Kommunikation daher ein Drahtseilakt zu sein scheint.
Es ist nicht für alle möglich, mal eben über oder sogar beim Sex zu reden: Und selbst wenn eine Person das super kann, geht dabei einiges unter.
Es ist nicht davon auszugehen, dass dein*e Partner*innen das auch schon so gut können.
Daher ist es auch gut, sich vorher zu versichern, ob es für dein Gegenüber gerade ok ist darüber zu sprechen, oder ob er*sie ein anderes Setting braucht.
Die erlernte Scham anzuerkennen und vielleicht zu überwinden kostet Zeit und Arbeit. Sei geduldig mit dir und anderen.

Weil wir alle abhängig davon sind, wo und wie wir aufwachsen (soziale Schicht, Eltern, Bildung/ Umfeld..) und erste sexuelle Erfahrungen machen, ganz unterschiedliche Sprachcodes, also Worte oder Gesten **gelernt haben, um uns auszudrücken.**
Das verunsichert in einem Gespräch natürlich total.
Meinen wir das Gleiche?
Finde ich den Begriff, den mein Gegenüber nutzt ok? Ist mir die Sprache zu roh oder zu niedlich?
Fühle ich mich gekränkt? Wenn ja, warum?

Manchmal schaffen Worte, besonders wenn es richtig schwer ist, welche zu wählen, oder eine sehr unterschiedliche Sprache besteht, auch **mehr Distanz** und sorgen für einen Abbruch der Situation.
Oft geht das damit einher, dass sich mindestens eine beteiligte Person unwohl oder sogar schuldig fühlt, bei manchen setzen Verlustängste oder Selbstzweifel ein.
Auch hier: Unterbrechungen oder Abbrüche sind jederzeit in Ordnung. Wenn es währenddessen schwerfällt zu kommunizieren, lassen sich solche Situationen auch vorbesprechen und vielleicht sogar vermeiden.

...Naja, es ist auch einfach **nie so richtig zu 100% möglich**, das eigene Empfinden und Erleben zu erklären.
Gefühle zu versprachlichen ist wirklich eine Meister*innendisziplin, die geübt werden will -
sicher sein, dass es genau so verstanden wird, wie du es meinst, kannst du nie.

Denkanstöße:

Gelingt es dir, beim Sex oder über Sex zu sprechen?
Was brauchst oder bräuchtest du,
um gut darüber sprechen zu können?
Hast du sexuelle Handlungen schon mal
zum Sprechen unterbrochen? Wie war das?

any thoughts?

CHECK IN:
wie gehts dir? Magst du
grade weitermachen oder
lieber wann anders?

Heypsst: egal was du dazu geschrieben hast - Das ist ok!
Und wie großartig, dass du dich grade damit auseinander setzt!

Um nachvollziehbarer zu machen,
wieviele Ebenen Sexualität hat,
und wie sehr sie auch mit Geschlechtsidentität und Geschlechtsausdruck
zusammenhängen kann,
findest du auf der nächsten Seite das **Gender-Einhorn**
Auch wenn du es schonmal gemacht hast: verorte dich doch nochmal für **genau diesen** Zeitpunk auf den Achsen.
Wenn du magst, mach es ein anderes Mal nochmal in anderer Farbe - es kann sein, dass sich etwas verändert hat, es kann sein, dass du genau die Stellen wieder markierst - beides ist völlig ok.

Das bedeutet nicht, dass sexuelle Identität oder Orientierung
frei wählbar sind und sich so zum Beispiel ein Mann,
der trans und schwul ist, entscheiden kann, das nicht mehr zu sein.
Es meint, dass es immer einen Spielraum gibt in dem, was und wen du
anziehend findest und auch wie du dich als sexuelle Person fühlst.

In diesem Zine werden nicht nochmal alle bereits bekannten
Geschlechtsidentiäten, Ausdrucks- und beziehungsformen, etc. erläutert.
Wenn du dir da unsicher, oder einfach weiter interessiert bist, schau doch
gerne mal im Queer Lexikon nach.

www.queer-lexikon.net

Das Gender Unicorn

Graphic by:
TSER
Trans Student Educational Resources

Geschlechtsidentität (wie fühle ich mich?)
- weiblich/Frau/Mädchen
- männlich/Mann/Junge
- andere Geschlechter

Geschlechtsausdruck (wie gebe ich mich nach außen?)
- feminin
- maskulin
- andere

Bei der Geburt zugewiesenes Geschlecht
- weiblich
- männlich
- inter*

Sexuell angezogen von
- Frauen
- Männern
- anderen Geschlechtern

Romantisch angezogen von
- Frauen
- Männern
- anderen Geschlechtern

To learn more, go to:
www.transstudent.org/gender

Design by Landyn Pan and Anna Moore

Erklärungen zu den Kategorien auf der nächsten Seite

GENDER IS A SPECTRUM

Es muss/soll nicht zwingend 100% ergeben, ist also voll OK, wenn Du Dich zum Beispiel zu keinem Geschlecht romantisch oder sexuell angezogen fühlst

ICH BIN PETER, CIS-MÄNNLICH UND HETERO FLEXIBEL, HABE MICH BISHER ABER NUR IN MÄNNER VERLIEBT UND FINDE DIESES GENDER GAGA ECHT KLASSE.

1) Geschlechtsidentität (gender identity): das Geschlecht, dem du dich zugehörig fühlst, keins oder mehrere sind auch ok!

2) Geschlechtsausdruck (gender expression):
z. B. Kleidung, Hobbies, Interessen, Auftreten - das hat zwar kein Gender-dennoch werden oft Sachen/ Taten mit Geschlecht verbunden. Wie ist das für dich? Gib das an, womit du dich wohl fühlst.

3) Bei der Geburt eingetragenes Geschlecht: das, was in deinen Ausweisdokumenten eingetragen wurde.
Aktuell sind immer noch nur drei Geschlechter in Deutschland anerkannt: inter/divers, männlich und weiblich

4) Begehren/ Anziehung:
romantisch: (in wen) verliebe ich mich?
sexuell: auf wen stehe ich? Stehe ich überhaupt auf wen?

Wie geht es dir mit dem Zuordnen und den Kategorien?
Wie findest du das Gender Unicorn?

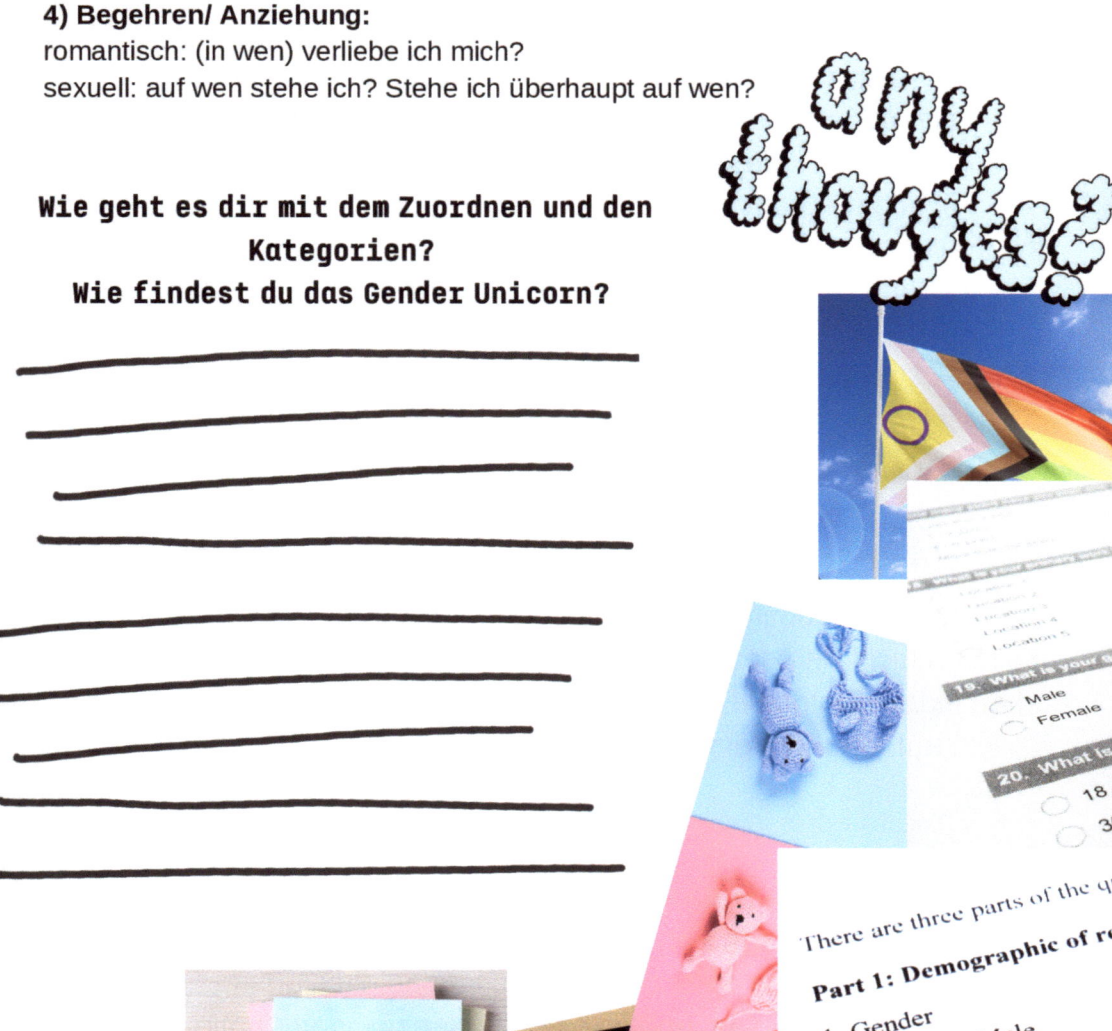

inneres & äußere coming out(s)

Ein *Coming Out* ist das Erkennen und Benennen, dass du nicht cisgeschlechtlich und/oder heterosexuell bist und somit nicht der gesellschaftlichen heteronormativen Norm entsprichst.
(Ein Herumexperimentieren und Infragestellen von Geschlechterrollen
muss nicht bedeuten, dass du queer bist, das darfst du auch einfach so!)
Wichtig: Es geht nicht um einen Wettbewerb, Coming Outs können
zwar sehr empowernd und erleichternd sein, aber auch anstrengend bis
quälend, weil es oft mit Angst vor Ausschluss verbunden sein kann.
Trotzdem: Nur du entscheidest.
Und du darfst dich jederzeit umentscheiden und neu definieren.
Es ist wichtig das anzuerkennen und andere Personen nicht ohne ihre
Zustimmung zu Outen oder zu einem Outing zu drängen.

Ein **INNERES** Coming out beschreibt den Prozess der Bewusstwerdung, dass du nicht der Hetero-Norm entsprichst. Dieser Prozess kann dauern und an jedem Zeitpunkt im Leben beginnen. Manche wissen es schon von klein auf, andere verstehen es erst nach der zweiten Ehe. Es gibt nicht DEN Zeitpunkt und dein Coming Out ist valide, indem du es anerkennst.

Ein **ÄUßERES** Coming Out kommt selten allein.
Jedes mal, wenn du als queere Person deine sexuelle Identität oder Orientierung preisgeben willst oder musst, ist das ein Coming Out.
Das kann anstrengend sein und ist nicht immer zwingend nötig oder hilfreich.
Du entscheidest, niemensch anders darf das.

**Ein Coming Out kommt selten allein, meistens haben Menschen mehrere Coming outs und jedes davon darf definitiv gefeiert werden - allerdings besteht für queere Personen an vielen Orten Gefahr, weil unsere Gesellschaft heteronormativ ist und Queer- Trans- und Homofeindlichkeit viele schlimme Gesichter hat.
Passt auf euch und auf eure queeren Freund*innen auf!**

Oute dich erstmal vor Leuten, denen du vertraust und von denen du weißt, wie sie zu Queerness stehen. Diese positiven Erfahrungen bestärken dich für schwerere Gespräche. Es kann so erleichternd sein und dir neue Räume öffnen.Du musst dafür auch keine Erfahrungen nachweisen oder Beweise liefern.

Wenn du vermutest, du wirst für deine Identität abgewertet oder dir wird nicht geglaubt, kann das richtig schwierig sein
1) **Outings sind optional**, du musst es nicht tun. Wenn doch: **Nimm dir Zeit**.
2) Du darfst dir auch **Support dazuholen**. Wenn Menschen dich nicht so wertschätzen wie du bist: du bist niemandem **Kontakt** schuldig und darfst diesen auch **abbrechen**. Du musst dich keiner Schikane aussetzen - und ja, das klingt viel leichter gesagt als getan.

LGBT+ Helpline 0800 133 133

hello@lgbt-helpline.ch

any thoughts?

Hattest du schon Coming Out(s)?
Wie war das?
Welche Reaktion würdest du dir wünschen?
Hat sich schonmal wer vor dir geoutet?
Wie hast du reagiert?
Wie stellst du es dir vor?
Würdest du heute etwas anders machen?

CHECK IN:
wie gehts dir? Magst du
grade weitermachen oder
lieber wann anders?

(MEHRFACH-) DISKRIMINIERUNG

Viele zetern, dass ihnen dieser ganze „Genderwahnsinn" zu viel würde - Na klar, Umstellungen sind schwer und für manche ist es vielleicht nicht sehr nachvollziehbar, wieso das nötig ist.

Damit sich alle mit ihrer Identität und damit auch Sexualität gleich wohl - und gesehen - fühlen dürfen. Das Recht darauf haben Alle. Das steht sowohl im Grundgesetz, als auch im Allgemeinen Gleichbehandlungsgesetz.
So einfach ist das.

So einfach, dennoch entspricht diese queere Utopie nicht der Realität.

Auch in Deutschland müssen queere Menschen Gewalt fürchten und werden oft unsichtbar gemacht. Queerfeindlichkeit und andere Formen der gruppenbezogenen Menschenfeindlichkeit sind immernoch Thema - auch in queeren Communities.

Menschen die mehrfachmarginalisiert sind, sind besonders schwer betroffen. In einer *weißen* heterosexuellen Dominanzgesellschaft, die Rassismus und Antisemitismus nur zu gerne reproduziert und wegschweigt, ist es nicht für alle gleich "einfach", die eigene Sexualität, mit all ihren Ebenen, auszuleben.

Macht und Möglichkeiten sind strukturell unfair verteilt.
Manche haben so viele Privilegien, dass sie diese gar nicht bemerken, andere haben so wenige, dass sie daran zweifeln überhaupt welche haben zu dürfen.

Schwarze schwule Personen beispielsweise, die eine Be_hinderung haben, erleben eine ganz eigene, verwobene Form der Queerfeindlichkeit und brauchen somit auch eine andere Form von Schutz und Solidarität.
Was genau sie brauchen, können nur sie selbst bestimmen!

Intersektionalität bedeutet, dass sich verschiedene soziale Kategorien in der Lebenswirklichkeit von Menschen "kreuzen" oder verknoten und eine neue Form der Benachteiligung entsteht.

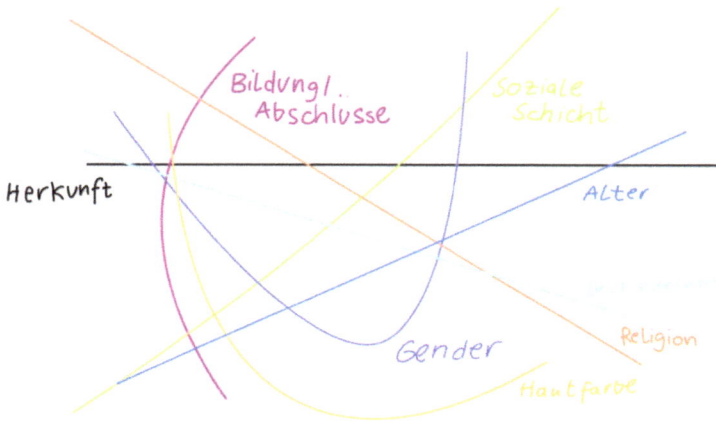

Fallen dir noch mehr Ebenen von Macht ein?

Falls dir das nicht bewusst ist, lege ich dir ganz doll ans Herz, dich mit dem Konzept der *Intersektionalität* (engl. Intersection:Straßenkreuzung) auseinanderzusetzen.

Steht füreinander ein und gegen Queerfeindlichkeit, Rassismus, Antisemitismus, Ableismus (...) im privaten, sowie öffentlichen Raum auf, auch wenn ihr selbst nicht betroffen seid!
Reflektiert solche Machtstrukturen in euren nahen Beziehungen - was braucht wer um sich gesehen und wohl zu fühlen.
Auch beim gemeinsamen Konsens finden spielen solche Dynamiken eine Rolle.

Hört Freund*innen zu und versucht es besser zu machen, wenn sie eure rassistischen, klassistischen oder ableistischen Aussagen benennen.
Keine Diskussion, ein Danke für den Hinweis reicht.

Was sind deine Gedanken zu den letzen Seiten?
Bist du selbst von Diskriminierung oder sogar
Mehrfachdiskrimiierung betroffen?
In welcher Hinsicht bist du selbst privilegiert?
Wie erlebst du Machtdynamiken in
Freund*innenschaften, Liebesbeziehungen und beim
Sex?

zu Macht und Ungleichheit

CHECK IN:
wie gehts dir? Magst du
grade weitermachen oder
lieber wann anders?

jetzt gehts um deine

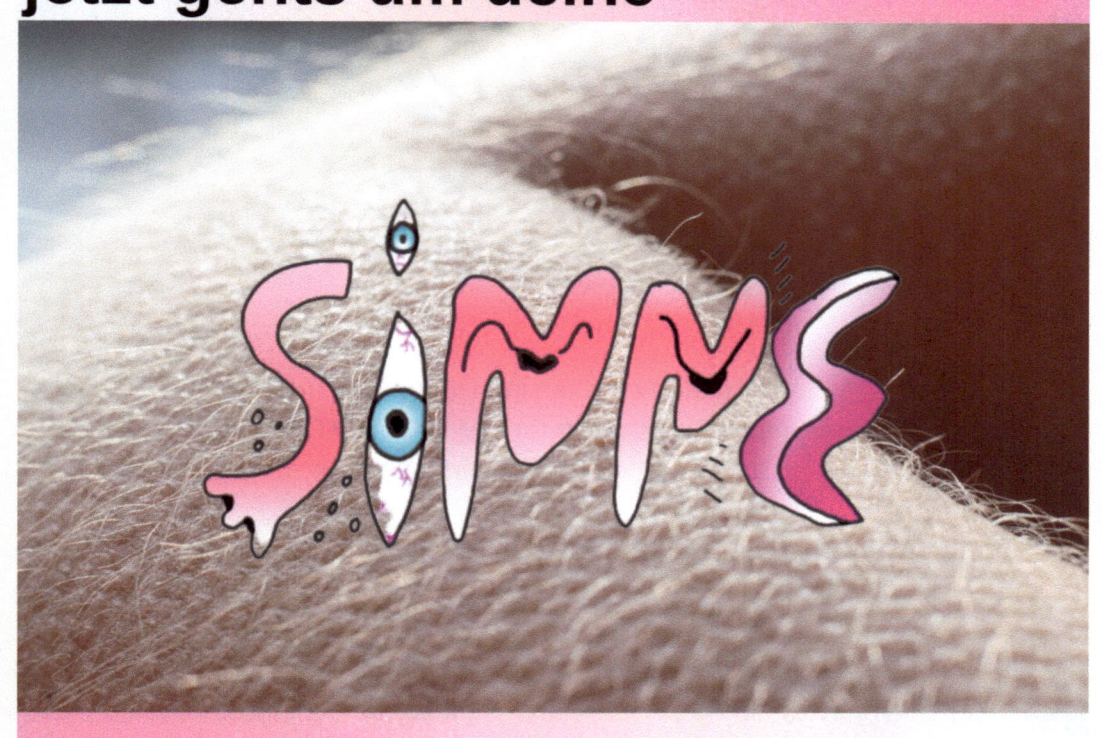

Auf den folgenden Seiten geht es darum, was du mit deinen Sinnen wahrnehmen kannst und als angenehm oder unangenehm einordnest.
Auch Sachen, die nicht (direkt) mit Sexualität verknüpft sind, können dazu beitragen, wie wohl du dich fühlst.
Sich gut zu kennen fängt damit an, sich gut zu spüren.

Sinne spielen eine riesige Rolle beim Erleben von Sexualität, Sinneswahrnehmung hilft uns **IM MOMENT, IM HIER UND JETZT** zu sein und zu verstehen, was wir mögen und was nicht.

Auch das Ausschalten einzelner Sinne, zum Beispiel das Schließen der Augen, kann Teil von Sexualität sein.

Ob und was du magst, wie du was wahrnimmst, welche Reize dich erregen, hängt von gaaanz vielen verschiedenen Faktoren wie Kinderheitserfahrungen, Beziehungserfahrungen, Stimmung, Situation, Beziehung, Stresslevel ab.

Manche brauchen (mal) sehr kräftige, andere (mal) sehr sanfte Reize. Wichtig ist: egal, was du brauchst: es ist OK, solange alle Teilnehmenden zurechnungsfähig, mündig und einverstanden sind! Außerdem variieren, also verändern sich Bedürfnisse - Was heute genau richtig ist, kann morgen zuviel oder zuwenig sein Das ist total in Ordnung und ein Grund mehr, warum Kommunikation so wichtig ist.

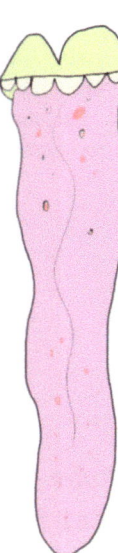

Über die Sinne werden auch sogenannte **Sexualsignale** empfangen. Diese können Worte (z.B. Du fühlst dich so ghut an..."), aber auch ein Streicheln, ein bestimmter Geruch (z.B Schweiß, Lavendel, Regen...), ein sexy Geräusch (z.B. ein Stöhnen oder Brummen, eine Playlist), oder das Aussehen (z.B. von anderen Personen, heißen Dessous, dir selbst, Gegenständen...) sein.

Und: Zum Tastsinn gehören auch der **Gleichgewichtssinn** (das Vestibulärsystem) und der Sinn für **Bewegungsempfindungen** (das kinästhetische System), also das Wahrnehmen von Kraft und Gewicht.

Für viele Leute spielen auch diese Aspekte eine Rolle beim Sex: **Wie ist es bei dir? Schonmal drüber nachgedacht?**

23:17
Freitag, 08. März

make yu femdom

FAV SMELL

4

Achtsamkeit ist ein uraltes buddhistisches Konzept, das zu Akzeptanz des Hier&Jetzt führen soll. Der Buddhismus hat seinen Ursprung in Nordindien. Achtsamkeitstraining ist nur ein Teil des Praktizierten Glauben und wird aber erst seit einigen Jahrzehnten in Europa und Nordamerika praktiziert, hat aber dann meistens nichts mehr mit Buddhismus zu tun, wird aber sehr viel angewendet, um sich zu spüren, den Moment bewusst wahrzunehmen und zu akzeptieren, was gerade jetzt und hier da ist.

8SAMKEIT

EINATMEN
AUSATMEN
EINAT
AUSATMEN
AUSEIN AUSEIN
AUS EIN AUS EIN AUS EIN AUS
AUS EIN AUS EIN
EIN AU SEIN AUS
AUS EIN AUSEIN
EIN AUS EIN AUS
AUS

EINE KLEINE ÜBUNG:

keine Ruhe für sowas oder ists nicht dein Ding? Auch ok!

Schließe die Augen, wenn du magst, wenn nicht, richte den Blick auf einen Punkt. **Atme tief ein und aus, zähle jeweils bis 4. Ein 1-2-3-4, Aus-1-2-3-4.** Wiederhole dies mindestens 3 Mal.
Konzentriere dich nun, nacheinander auf deine Sinneswahrnehmungen. Was Kannst du hören? Was ist nah, was ist ferner? **Was kannst du spüren? Wie fühlt sich der Boden/ die Unterlage auf der du dich befindest an? Wie fühlt sich dein Körper an?** Kannst du etwas riechen? Spüre, wie die Luft in die Nase einströmt. **Was kannst du sehen? Wenn du die Augen geschlossen hast, schau dir an, was du im Geschlossenen deiner Augen siehst.** Wenn deine Gedanken abschweifen, ist das nicht schlimm, fang einfach wieder an bewusst zu atmen und bringe dich zu einem Sinn zurück.
Du kannst diese Übung immer, überall und solange du willst machen, um dich in deine Wahrnehmung des gegenwärtigen Moments zu holen.

DIE LISTEN AUF DEN FOLGENDEN SEITEN KÖNNTEN DIR EINE UNTERSTÜTZUNG SEIN, BEIM HERRICHTEN EINES SCHÖNEN SETTINGS, BEIM HERAUSFINDEN, WAS „NICHT GEPASST" HAT, UND VOR ALLEM BEIM BENENNEN, WAS DU MÖCHTEST, UND SOMIT BEIM KONSENS HERSTELLEN. MACH DAFÜR RUHIG MAL DIE AUGEN ZU ODER STREICHEL DICH EIN WENIG. SO, WIE DU MAGST. DIE SACHEN, DIE DU EINTRÄGST, MÜSSEN NICHT DIREKT MIT SEXUALITÄT ZUSAMMENHÄNGEN.

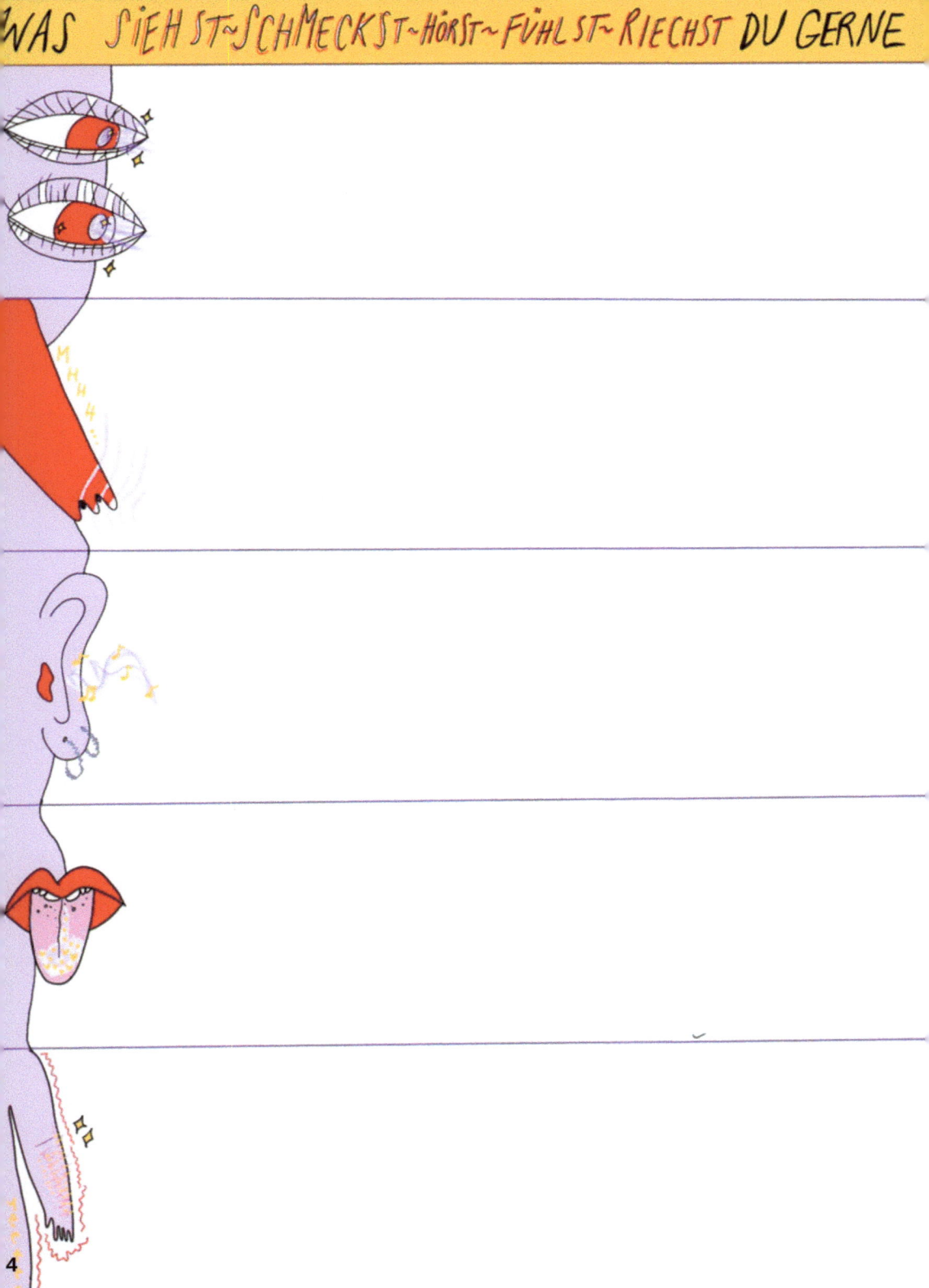

4

Küsse verraten Dir jede Menge über unser Gegenüber, vor allem ob es zwischen euch passt und so weitergehen darf...

Grade beim Lippen- & Zungenkuss, schicken in Windeseile viele tausend Nervenzellen Infos an Gehirn und Körper, und verraten, wie der andere Mensch riecht, schmeckt, wie er sich anfühlt.

Und natürlich auch: **Ob du es magst.**

EIN SINNESFEUERWERK
(oder mega cringe -
dann solltet ihr aufhören oder sprechen)

Im limbischen System, einem Hirnteil der unbewusst arbeitet, entstehen Endorphine und Hormone, die Stress abbauen und auch sexuell erregen können - deswegen ist mensch manchmal auch so „HIGH OF LOVE" beim Knutschen.

Küsse können aber nicht nur Lust machen, sondern auch Vertrauen und Sicherheit schaffen, sind also nicht zwingend und nicht für alle sexuell aufgeladen.

Und: Küsse funktionieren nicht nur von Mund zu Mund, sondern überall wo Haut ist, OMG!

...und (wie) knutschst du gerne?

Begrüßungsbussis,
Ablecken,
Anknabbern,
Schlabberkuss,
Lecken,
rummachen,
Körper abküssen,
Schmatzer,
langfahren oder rotieren mit der Zunge,
all das kann Küssen sein.
Und: ihr dürft mit Kusspartner*innen immer wieder neue Kussarten erfinden und sie benennen!

ABER STOP?!

Wie bei allem anderen gilt: nicht alle Menschen mögen alle Küsse und vor allem nicht überall oder jederzeit. Das muss respektiert werden. Dafür ist es wichtig, dass du selbst weißt, was du wo (nicht) magst. Dann kannst du auf die Wünsche Anderer eingehen und gleichzeitig deine eigenen Grenzen und Bedürfnisse achten und kommunizieren.
Üben kannst du das auf den nächsten drei Seiten.
Sie sind zum Ankreuzen und Gedanken sammeln. Nutze gerne die Worthilfe hinten im Heft.

♥ Guck Dir die Seiten in Ruhe an + ♥
SPÜR MAL NACH

wenn Du magst, schließ kurz die Augen.
Bist Du an der jeweiligen Stelle schonmal geküsst *worden? Wie war's?
Was hast Du empfunden, was war schön oder unangenehm?
War es bedeutsam oder mit Erregung verbunden?
Falls Du noch nicht dort geküsst wurdest:
Wie stellst Du es Dir vor? ♥
♥ Hast Du Lust drauf, oder eher nicht?

*oder berührt!

**Grade, wenn du Küsse nicht gerne magst: Erweitere es dir auch gern um Berührungen durch Hände oder andere Körperteile einer Person.
Und wie immer gilt: es gibt kein richtig oder falsch!**

AUF DIE STIRN? _____

AUF'S AUGE? _____

AM OHR? _____

AUF DIE WANGE? _____

IM NACKEN _____

AUF DIE LIPPEN? _____

AM KINN? _____

AUF DIE SCHULTE _____

Erzähl von deinem ersten Kuss (oder wie du ihn dir vorstellst):

KÜSSE...

... können so schön sein. Aber nicht alle Leute werden gern (überall) geküsst. Was magst DU? & wo? setze ein ✓ ,wo du gern mit fremden Lippen berührt werden magg

4 ein ✗ ,wo nicht. Wenn Du magst: ergänze, wie oder wann besonders?

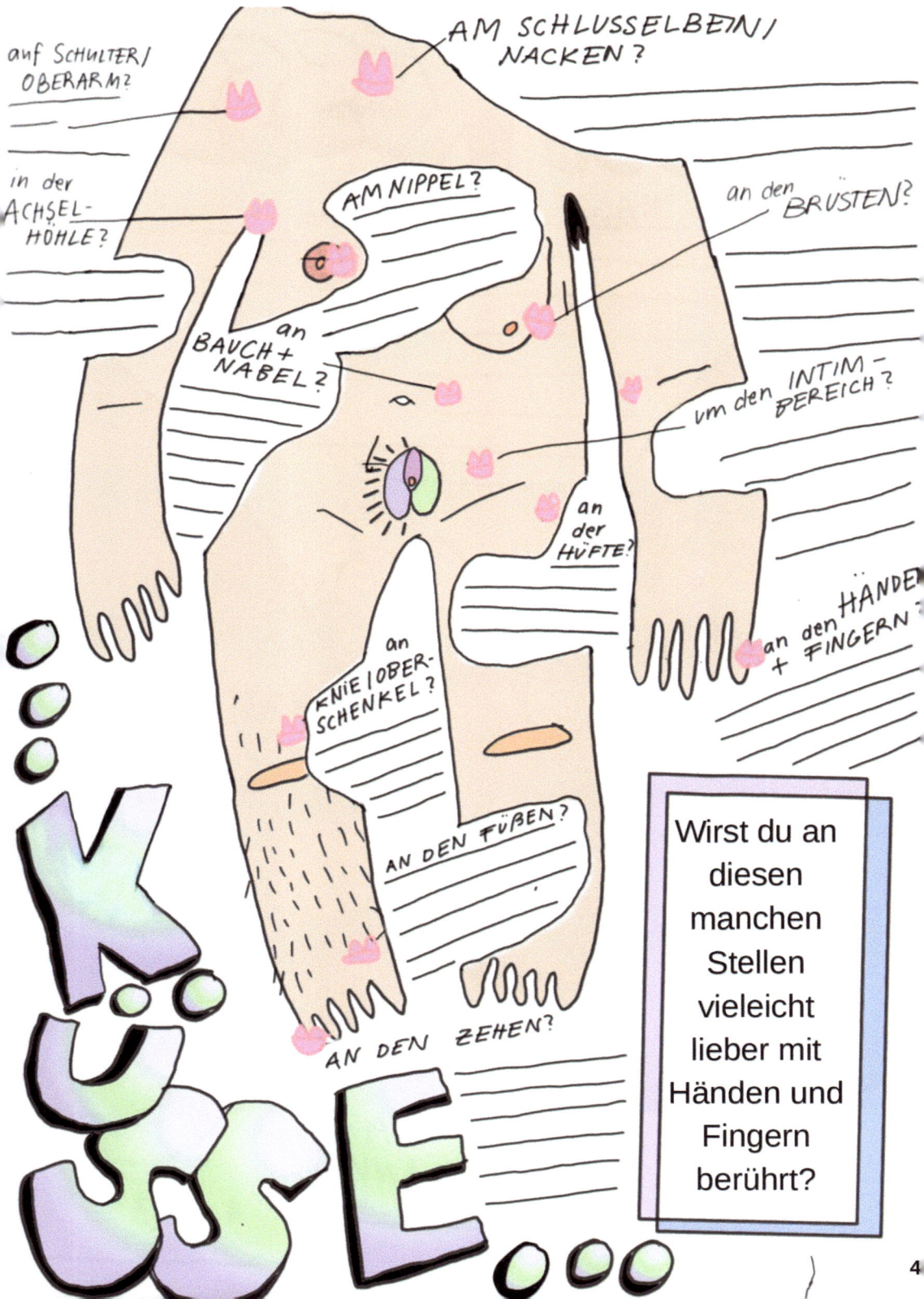

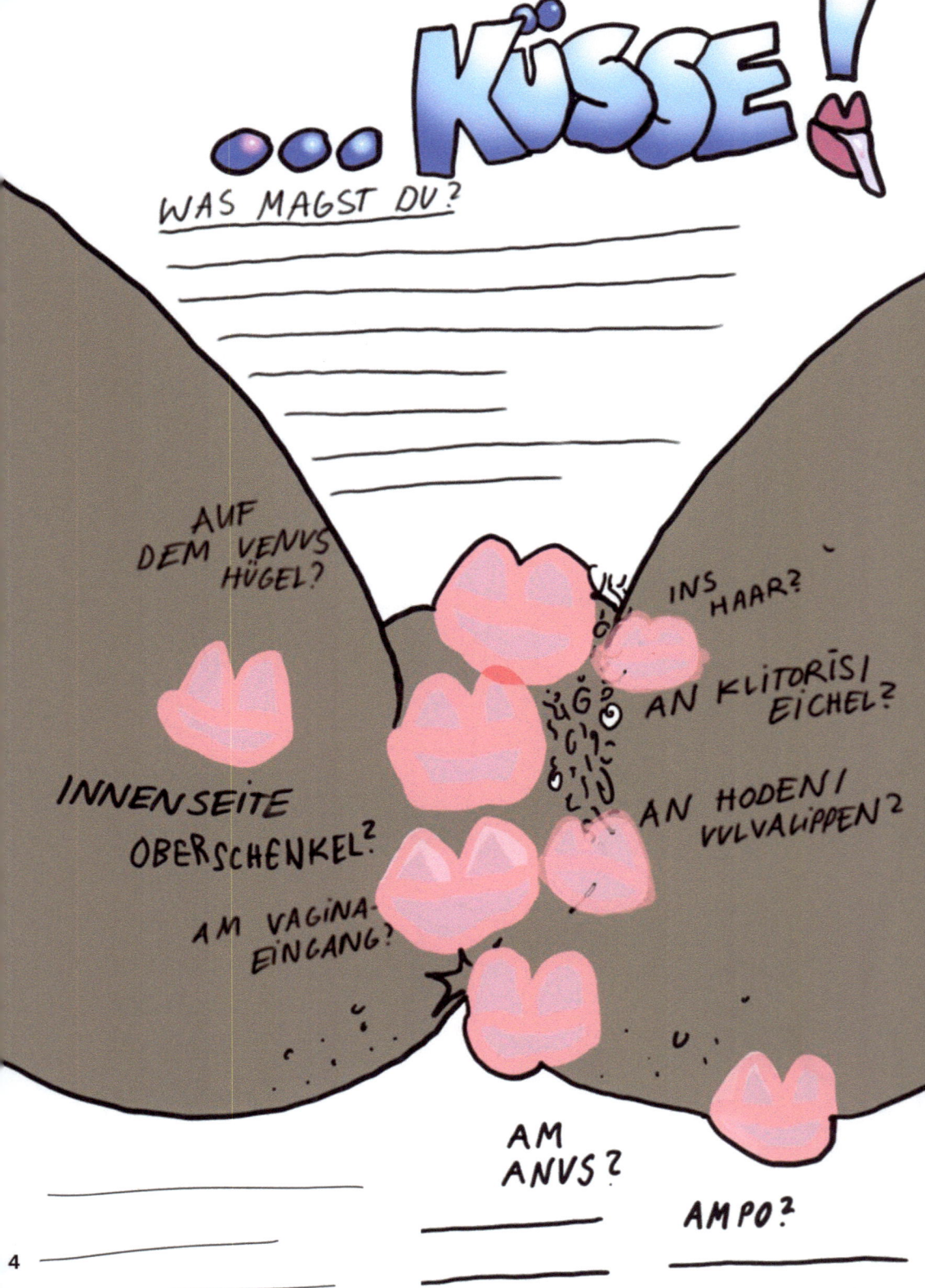

Finger, Zungen, Gegenstände, Penisse, Füße... es lässt sich einiges lustvoll einführen, doch worauf hast du Lust, was magst du wo (nicht)? Was willst du schon länger mal ausprobieren, worauf kannst du verzichten?

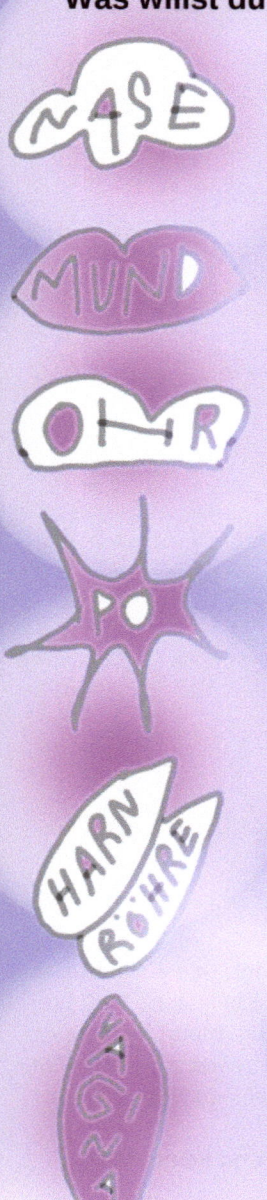

Und wie magst du es, dich zu zeigen?

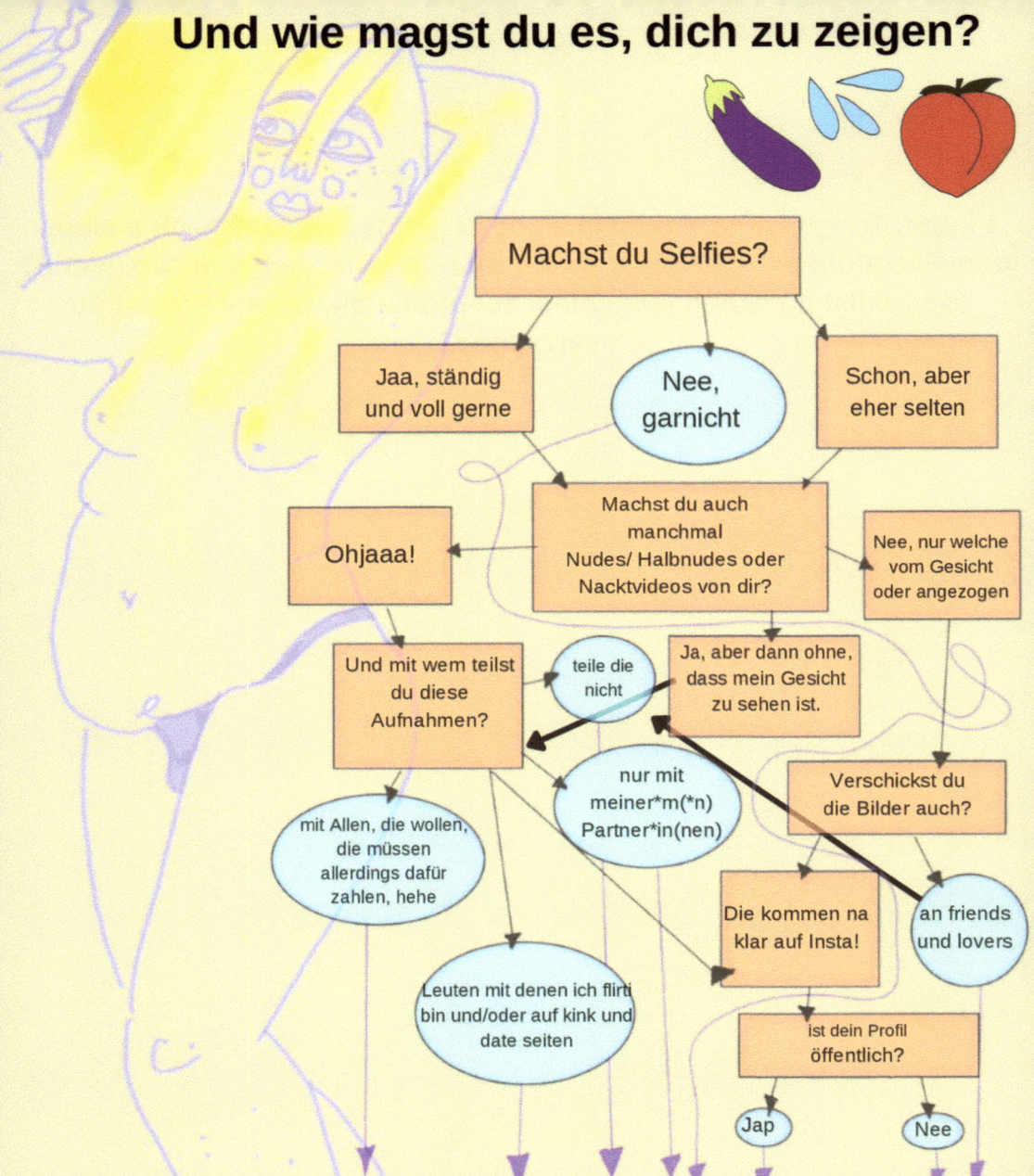

Machst du Selfies?

- Jaa, ständig und voll gerne
- Nee, garnicht
- Schon, aber eher selten

Machst du auch manchmal Nudes/ Halbnudes oder Nacktvideos von dir?

- Ohjaaa!
- Nee, nur welche vom Gesicht oder angezogen

Und mit wem teilst du diese Aufnahmen?

- teile die nicht
- Ja, aber dann ohne, dass mein Gesicht zu sehen ist.

Verschickst du die Bilder auch?

- mit Allen, die wollen; die müssen allerdings dafür zahlen, hehe
- nur mit meiner*m(*n) Partner*in(nen)
- Die kommen na klar auf Insta!
- an friends und lovers
- Leuten mit denen ich flirti bin und/oder auf kink und date seiten

ist dein Profil öffentlich?

- Jap
- Nee

Du ahnst es schon, und vermutlich weißt du es auch: **Dein Körper, deine Bilder, deine Rechte.** Nur du darfst entscheiden, was und wo von dir online geht (vorausgesetzt, du bist mindestens 14 Jahre). Dein Online-Verhalten ist nicht zu bewerten. Allerdings: **Was einmal im Netz ist, bleibt im Netz -** auch vermeintlich temporäre Uploads wie bei Snapchat oder in Insta Storys-Screenshots sind leicht gemacht und versendet. Sei dir dessen immer bewusst und überlege dir gut, was du wem schickst oder wo du es hochlädst. Was für dich gilt, gilt für Alle:
Bilder von Anderen darfst du nur mit deren Zustimmung veröffentlichen und keinesfalls einfach so weiterleiten!

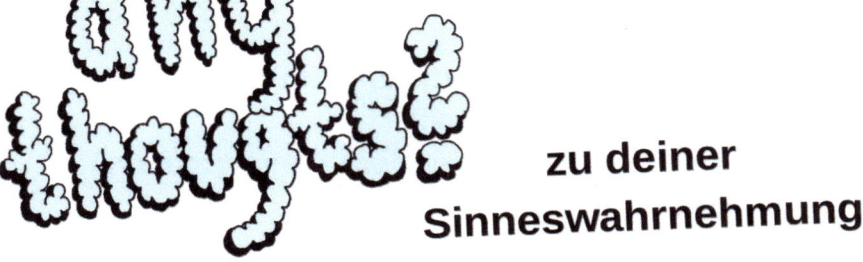

zu deiner Sinneswahrnehmung

Inwieweit beziehst du deine Sinne bei deinem Sex mit ein?

_____

_____

_____

_____

_____

_____

Gibt es Körperstellen an denen du (aktuell) auf keinen Fall berührt werden willst? Hast du eine Idee wieso das so ist? (Wenn nicht, ist auch ok!)

_____

_____

_____

_____

_____

Gibt es Fantasien, die Fantasie bleiben sollen?

_____

_____

_____

_____

Hast du beim genaueren Hinspüren, etwas entdeckt, was du vorher so klar nicht benennen konntest?

Bleibt etwas für den Moment unklar, wo du noch mehr nachfühlen oder sie ausprobieren magst?

Gabs Gedanken, die dich richtig scharf gemacht haben?

Wie gehts dir grade?

CHECK IN:
wie gehts dir? Magst du
grade weitermachen oder
lieber wann anders?

4

Golden rule:

Konsens

Konsens

jetzt waren wir ganz schön viel bei dir, jetzt kommt ein Gegenüber dazu und Konsens ins Spiel

Konsens

Konsens

KONSENS - CONSENT

Das Wort Konsens kommt aus dem lateinischen und bedeutet:
Übereinstimmung oder Einstimmigkeit.

Wenn ein Konsens besteht, heißt das also, dass alle involvierten Personen mit dem Geschehen im Miteinander einverstanden sind und Bedürfnisse und Grenzen aller berücksichtigt werden.
Das ist wichtig, nicht nur im sexuellen Rahmen.
Auch im Alltag gibt es ganz viele Situationen, in denen Konsens eine Rolle spielen könnte - auch, wenn dir das gar nicht so bewusst ist.
Konsenskultur lässt sich in verschiedenen Feldern auch gut üben.
Leichter gesagt als getan - denn aufgrund von Macht- und Abhängigkeitsverhältnissen, besteht, bei sehr privilegierten Teilen der Gesellschaft, wenig Interesse an Konsensbildung.
Auch in nahen Beziehungen, wird oft davon ausgegangen, dass Dies & Jenes, wohl schon okay sein wird, weil "es schon immer so war", oder "doch einfach klar ist".
Unsere Gesellschaft lernt grade noch, Konsens in den Alltag zu integrieren.

Wichtig ist, dass sich eigene Grenzen auch verschieben und nie festgeschrieben sind. Auch solche Veränderungen bei euch selbst und anderen, müssen ausgehalten und anerkannt werden. Auch unterschiedliche Bedürfnisse anzuerkennenen und Kompromissfindung ist Teil der Konsenskultur. Konsens ist nichts, was ihr einmal erarbeitet und dann feststeht. Konsens muss Teil des Miteinanders und somit immer neu verhandelt werden.

So schön dich zu sehen, darf ich dich zur Begrüßung umarmen?

Fallen dir noch mehr Situationen ein, in denen du dir Konses wünscht oder unsicher bist, ob Konsens besteht, die nichts mit Sex zu tun haben?

_____

_____

_____

_____

_____

_____

_____

_____

_____

Sich Konsens einzuholen, also sich zu vergewissern, dass es allen mit der aktuellen Situation oder Handlung gut geht, ist, bei Sex mit Partner*innen, **mega wichtig**, damit sich alle wohlfühlen können und es keiner Person währenddessen oder später damit schlecht geht.

 # YES or NO?

Besteht deiner Meinung nach Konsens in den drei Situationen? Wieso glaubst du schon/ nicht? Welche Infos wären für eine Entscheidung wichtig? Diskutiere gerne mit deinen friends.

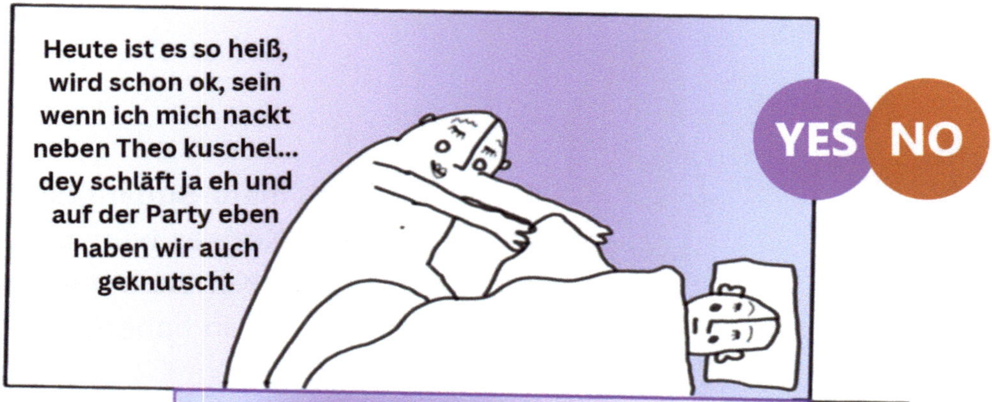

Heute ist es so heiß, wird schon ok, sein wenn ich mich nackt neben Theo kuschel... dey schläft ja eh und auf der Party eben haben wir auch geknutscht

YES NO

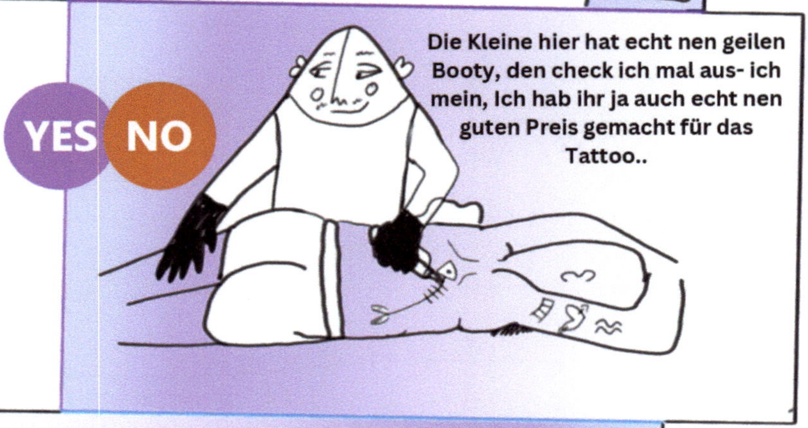

Die Kleine hier hat echt nen geilen Booty, den check ich mal aus- ich mein, Ich hab ihr ja auch echt nen guten Preis gemacht für das Tattoo..

YES NO

bor ich finde den Spieleabend grade echt lahm, ich frag mal die anderen, ob für alle cool ist, wenn wir darum spielen uns Auszuziehen

YES NO

CONSENT

I ♥ FRIES

Freely Given
Reversible
Informed
Enthusiastic
Specific

Ⓟ Planned Parenthood®

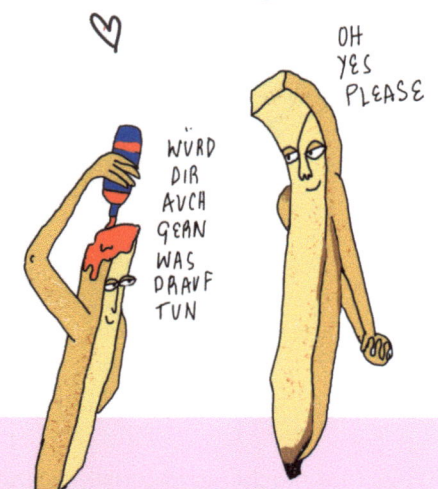

+PoMMES

♡ *YAM*

OH YES PLEASE

WÜRD DIR AUCH GERN WAS DRAUF TUN

Freely given = freiwillig: Konsens ist eine Wahl, die du nur frei, ohne Druck, Manipulation oder den Einfluss von Drogen treffen kannst.

Reversible = Rücknehmbar:
Du darfst dich jederzeit umentscheiden!
Egal, ob du vor 5 Minuten noch Lust hattest.

Informed = Informiert:
Du kannst nur zu etwas einwilligen, wenn dein*e Gegenüber es dir transparent macht, was GENAU passiert und dabei ehrlich ist.

Enthusiastic = Enthusiastisch:
Du willst es wirklich (mit-)machen und kannst das auch benennen- das heißt nicht, dass du vor Freude ausflippen musst. Manchmal braucht etwas Überwindung und auch das ist ok. Konsens geben im Bezug auf Sex ist auch möglich, wenn z.B eine Person Sexarbeiter*in ist- und braucht dementsprechende keinen Enthusiasmus.

Specific = Spezifisch:
Wenn z. B. JA gesagt wird zum Streicheln des Anus, heißt das nicht, dass auch ein Konsens über ein Eindringen besteht.

Manchmal hab ich aber nicht mega Bock auf Ketchup, sondern finde ihn eher so ok oder bin mir nicht sicher, ob der zu scharf ist..

THEMA ENTHUSIAS-MUS(S)

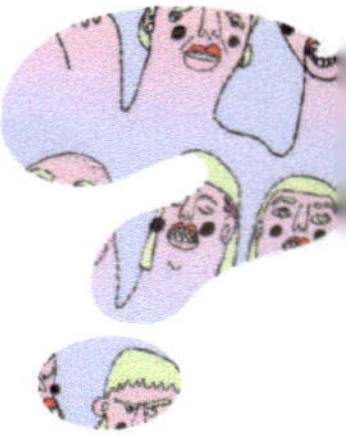

Mia Schachter macht als @consentwizardry super wichtige Arbeit zum Thema Konsens. Mia und andere kritisieren am F.R.I.E.S. Konzept, dass das E, das für Euphorie steht, nicht Trauma sensibel ist und auch Sexarbeitende nicht mit einbezieht, die aber auch Konsensfähig sind. Als Alternative bietet they **E für Engaged/ Embodied**, also eingebunden/ verkörpert. Das soll bedeuten, dass alle teilnehmenden Personen nicht dissoziiert, nüchtern und nicht unter Druck sind, dass sie ihre Zustimmung also gut bedacht haben.

Außerdem stellt Mia klar:

Ja heißt Ja, aber ein Ja enthält nie alle Informationen, die gebraucht sind, um gemeinsam Konsens herzustellen. Es kann sein, dass bestimmte Bedingungen erst hergestellt werden müssen, dass nicht der richtige Zeitpunkt ist oder auch, dass die Person zustimmt, wenn sie dafür bezahlt wird.

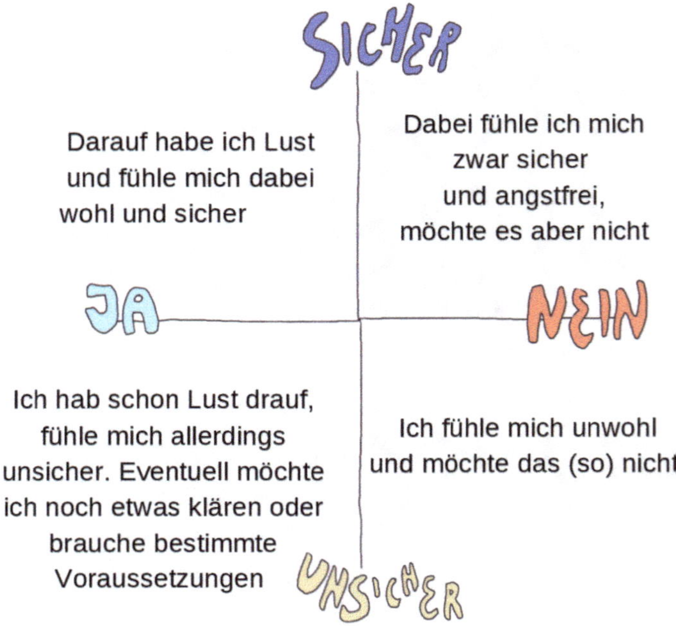

SICHER

Darauf habe ich Lust und fühle mich dabei wohl und sicher

Dabei fühle ich mich zwar sicher und angstfrei, möchte es aber nicht

JA ———————— NEIN

Ich hab schon Lust drauf, fühle mich allerdings unsicher. Eventuell möchte ich noch etwas klären oder brauche bestimmte Voraussetzungen

Ich fühle mich unwohl und möchte das (so) nicht

UNSICHER

Consent Wizardry findest du auf their Homepage consentwizardry.thinkific.com und auf Instagram

ZEIT & VERTRAUEN

Um immer wieder Konsens herzustellen, braucht es Zeit und Vertrauen. Vertrauen, dass Du und der*die Andere*n eure Grenzen, Wünsche und Bedürfnisse kennt und benennen oder zeigen könnt.
Dafür muss mensch sie erstmal rausfinden.

Das ist superwichtig, weil Sex manchmal wie nach Schema F ablaufen kann. Sogar Geräusche, Zucken oder Zustimmung können ganz fest verankert sein in der*dem erlernten **SEX AUTOPILOT*IN.**
Das ist dann keine Lüge oder ein Schauspiel, sondern das Produkt unserer Sexualkultur, in der Pornos, Werbung und Filme uns vormachen, was wir gut zu finden haben und wie "gut finden" aussehen soll.

Geh also auch immer wieder in dich selbst und frage dich:

Will ich das (grade)?
Finde ich das ok?
Wie fühlt es sich an?

Wenn dich jemensch zum Beispiel bittet, etwas gemeinsam auszuprobieren, darfst du dir für diese Fragen auch unbedingt Bedenk-, Informations-, oder Vorbereitungszeit einfordern!
Das darf ein paar Minuten aber auch ein paar Monate dauern.

NEIN NEIN NEIN

Nein sagen kann richtig schwierig sein,
grade für Leute die Ängste vor Zurückweisung haben.
Manche empfinden ein Nein, während sie Ja sagen, weil sie es sich nicht
erlauben, Nein zu sagen.
Oft, weil sie das nicht gelernt haben.
Das macht es noch schwieriger.

Schuld daran ist aber keine Person selbst, sondern die Tatsache, dass Nein
sagen vor allem weiblich sozialisierten Personen nicht beigebracht wird.
Nein zu sagen kann mit Ängsten verbunden sein nicht auszureichen, nicht
unkompliziert genug zu sein, einen Streit zu riskieren oder unangenehm vor
sich hin zu schweigen.
Gerade im sexuellen Kontext ist vielen gar nicht bewusst, dass sie wirklich
mitentscheiden dürfen. Eine sehr wichtige Begründung für die
Unverzichtbarkeit von Konsens!

Daher nochmal: nicht nur NEIN HEIßT NEIN, sondern NUR JA HEIßT JA!

5

Du siehst, Nein sagen ist schwer, die Person wollte dir bestimmt was Gutes tun und du hälst dich jetzt selbst für undankbar?
Es ist auch möglich sehr sanft Nein zu sagen, abzulenken oder du kannst dich trotzdem für das Angebot bedanken oder ein anderes machen. **Musst du aber nicht. "Nein" reicht.**

Ein Nein zu akzeptieren und anzuerkennen ist auch nicht leicht und braucht Übung. Manchmal ist es richtig frustig, wenn du dich vorher getraut hast, ein Bedürfnis zu äußern.
Dennoch braucht es nie eine Erklärung. "Nein" reicht, "vielleicht später" reicht.

Findest du es schwer, NEINs zu kassieren?
Erinnere dich in so einer Situation daran, dass ein Nein nicht dein Bedürfnis abwertet, sondern dein Gegenüber damit seine*ihre Grenzen wahrt. <3

Gib und kassiere vermehrt NEINs, um zu üben.
Protokolliere sie hier.

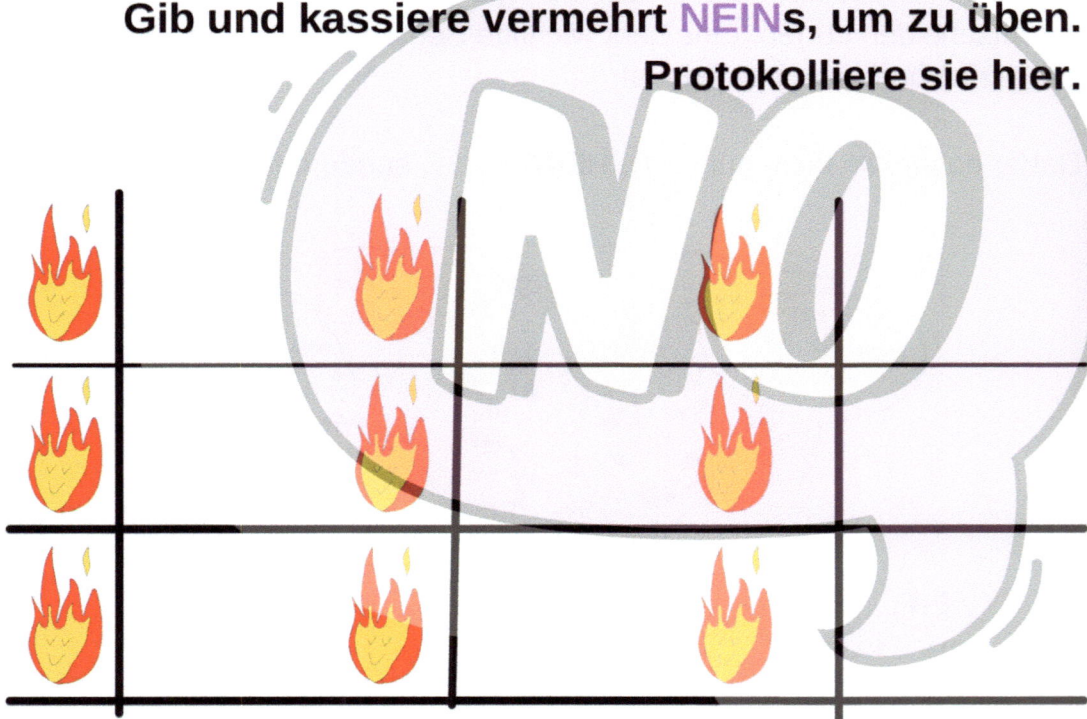

Hier mal ein paar praktische sprachliche Vorschläge, wie gemeinsame Konsensfindung aussehen kann - ehrliche Fragen und Bedürfnisäußerungen, auf die ehrlich geantwortet werden kann.
Hinten im Zine findest du in den Formulierungshilfen weitere ähnliche Hilfen und Lückentexte.

Können wir uns dahin setzen/ legen/ stellen? Ich glaube ich fühl mich erstmal sicherer hier, ist bleiben ok?
Darf ich dich am ganzen Körper küssen? Könntest du mich vielleicht erst ein bisschen massieren? Warte Stop, ich brauch 'ne kurze Pause.
Darf ich den auch einführen? Darauf habe ich gewartet! Ich hab mich umentschieden.
Darf ich deine Intimhaare küssen? Ich hab grade noch was anderes im Kopf, vielleicht später. Wie fühlst du dich?
Ich finde es heiß, wenn ich angespuckt werde, wäre das auch was für dich? Das ist ehrlich gesagt gar nicht mein Ding. **Danke, dass du das mit mir teilst.**
Ich würde total gerne mal Anal ausprobieren, bist du dabei? Oh klar!
Mir ist nur wichtig, das wir vorher ein Klistir verwenden. Ich glaube ich möchte doch grade nicht. Gefällt dir/ euch das? **Ja, kannst du noch ein bisschen langsamer machen?** Darf ich dir dabei zugucken?
Brauchst du etwas? Sorry, ich glaube, da bin ich nicht die richtige Person.
Würdest du es mögen, wenn ich etwas fester drücke?
Darf ich mein/e/n _____ an/in/auf dein/e/n_____tun?

Um sich bewusst zu werden ist es gut, sich eine **ja/ nein/ vielleicht-Liste** zu machen. Die könntest du auch deinen Partner*innen zeigen,
musst du aber natürlich nicht.
Ihr könnt auch eine zusammen schreiben, auch vor dem gemeinsamen Sex.

NUR JA heißt JA

yes please   yes, but

NVERZICHTBAR	LIEB ICH, MUSS ABER NICHT	ES GIBT BEDENKEN, DIE ICH KLÄREN WILL	ICH BIN DABEI, ABER NICHT MEGA INTO IT	NEIN

Wenn du schon viel über Dich, deine Lust, deinen Körper weißt und/ oder du mit dem/ den/ der Gegenüber gut eingespielt bist, funktionier Konsens auch ohne Fragen. Zum Beispiel so:

jaa
hör nicht auf
yeeees omg omg
meeeehr
f*ck mich!
komm lass uns ein
kondom/ lecktuch benutzen
oooohhh, aahhhhhAAHHH

jetzt nicht
nein
....eher nicht...
ich bin mir nicht sicher, warte kurz.
hör auf!
das fühl sich nicht gut an.
das fühlt sich komisch an...
ich mag nicht, wenn....
emmmh....

What's scham got to do with it ?

Scham ist ein Gefühl.
Scham kann sich als kleine Verlegenheit sein,aber auch als ganz schlimm empfundene Demütigung zeigen.

Wenn wir uns schämen, haben wir uns meistens verletzlich gezeigt oder unsere Gefühle, vielleicht auch eine ganz impulsive Handlung, mit wem anderen geteilt.
Wenn wir dann Zurückweisung erfahren, empfinden wir oft Scham. Manche werden rot, manche werden blass, manche merken garnicht, dass sie sich schämen und bekommen andere körperliche Symptome, wie beispielweise Übelkeit.

Da Scham im 19. Jahrhundert kein subjektives, sondern ein moralisches Gefühl, "die Scham" eine Bezeichnung für den Intimbereich und Schamhaftigkeit eine konkret weibliche Tugend war, ist es kein Wunder, dass dass auch heute noch im Bezug auf Sex eine gewisse Scham eine Rolle spielt.

Dennoch: Genitalien (Behaarung) oder eine bestimmte Körpergröße/ Form, sowie spezielle Fantasien im sexuellen Bereich zu haben, sollte sich nicht beschämend anfühlen müssen.

~~Schamlippen?~~
Vulvalippen!

~~Schamhaar?~~
Intimhaar!

Es kann dauern, Scham zu entlernen - versuche dir keinen Druck zu machen

keine Macht der SCHAM?

So einfach ist es nicht.
Schamgefühle sind das Wachpersonal von unseren Grenzen und daher mega wichtig .

Wichtig ist, die eigene Scham nach und nach mehr zu verstehen und sie in Bezug auf manche Dinge zu hinterfragen.
Das ist nicht für alle gleich einfach, da alle Personen unterschiedlich viele und starke Erfahrungen mit dem Überschreiten der eigenen Schamgrenze gemacht haben.
Das kann eine eigene bewusste Entscheidung
oder auch ein gewaltvolles Übertreten
dieser Grenzen sein.
Scham und (Ohn-)Macht sind also
eng miteinander verbunden und dürfen auch
beim Sex eine Rolle spielen.
Genauso gut dürfen sie oder die Angst
vor ihnen aber auch der legitime
Grund sein, etwas (noch)
nicht zu machen,
(noch) nicht zu teilen oder
noch nicht zu besprechen.

SCHAM GRENZE

Eine kommunizierte Grenze muss immer respektiert werden. Immer. Egal, wie du es findest.

ÜBER WUNDEN

TRIGGERWARNUNG : TRAUMA

Manche Leute haben sexuelle Grenzüberschreitungen erlebt. Das Erleben ist fast immer mit starkem Stress, Schmerz und der Erfahrung von Hilflosigkeit verbunden…

Es ist also nicht unwahrscheinlich, dass du auch auf Menschen triffst, die ein bearbeitetes oder unbearbeitetes Trauma haben. Vielleicht bist du selbst von sexueller oder Beziehungsgewalt betroffen (gewesen). Das alles KANN ein Thema sein, über das gesprochen wird - MUSS es aber nicht. Jeder Person steht es frei zu entscheiden, mit wem und wann sie solche Erfahrungen teilen möchte.

Es kann sein, dass die betroffene Person an bestimmten Stellen nicht angefasst werden kann oder dass Etwas im sexuellen Miteinander ein Trigger ist.

Wenn du Konsens praktizierst, und deinem Gegenüber immer die Möglichkeit gibst, ein ehrliches Nein zu antworten, ist die Wahrscheinlichkeit hoch, dass ihr gar nicht gemeinsam in Triggersituationen kommt.

Wichtig ist aber, egal in welcher Situation, dass Betroffenen Glauben geschenkt wird. Frag, was du grade tun kannst. Gib Raum und Zeit dafür. Informier dich über Traumafolgen.

Und wenn du betroffen bist, dann gestehe dir selbst auch Raum, Hilfe und Zeit zum Heilen zu. Und fordere Konsens ein! Du brauchst Hilfe? Diese Nummer ist anonym und kostenlos.

N.I.N.A
(berät
auch online!)

**Hilfe-Telefon
Sexueller Missbrauch**

Anrufen – auch im Zweifelsfall
0800 22 55 530

5

Gewalt hat viele Gesichter und muss nicht zwingend körperlich sein.

Grade in Beziehungen mit einem*einer narzisstisch-en Partner*in, kommt leider oft emotionale Gewalt vor, die Betroffene oft nicht gut benennen können.

Gaslighting zum Beispiel, also emotionale Manipulation, ist eine Form von Missbrauch und zielt darauf ab, der betroffenen Person nach und nach ihre komplette Wahrnehmung abzusprechen und sie von sich abhängig zu machen.

Unter dem Begriff psychische Gewalt lassen sich aber eine Vielzahl von Strategien, Methoden und Verhaltensweisen zusammenfassen, die darauf abzielen, den*die Partner*in

• zu verunsichern (in ihrem Selbstbild, ihrer Wahrnehmung, ihrem Vertrauen in sich selbst und andere, u.v.m.)
• aus dem Gleichgewicht zu bringen
• zu schwächen
• zu verletzen

Love-Bombing kann ein **Frühwarnzeichen** sein: Wenn du eine Person kennenlernst, die dich sofort mit Liebesbekundungen, Geschenken und gemeinsamer Zukunftsplanung überschüttet und dafür im Gegenzug Forderungen hat, ist das ein Frühwarnzeichen und definitv eine Red Flag!

Bist du dir nicht sicher, ob du selbst von emotionaler Gewalt betroffen bist oder vielleicht selbst emotional manipulativ handelst? Informiere dich und suche dir bitte unbedingt umgehend Hilfe. Viele Hilfsangebote richten sich konkret an Frauen z.B. das Hilfetelefon (08000 116 016) ansonsten bekommt ihr Hilfe bei der Telefonseelsorge eurer Stadt oder im Forum von re-empowerment.de.

Hast du auch eine*n Sex Autopilot*in?

_____

_____

_____

_____

Hast du meistens Sex in dem Konsens besprochen wird oder eher nicht?

_____

_____

_____

_____

Wie stellst du sicher,
dass es allen Beteiligten während und nach dem Sex gut geht?

_____

_____

_____

_____

zum Thema

Konsens

Fällt es dir leicht NEIN zu sagen?
Wann besonders/ Wann eher nicht?

_____

_____

_____

_____

Wenn nein, was hält dich ab?
Wenn ja, wie hast du es gelernt?

_____

_____

_____

_____

CHECK IN:
wie gehts dir? Magst du
grade weitermachen oder
lieber wann anders?

Auf der nächsten Seite steht etwas zum Thema Trauma und andere sensible Themen.
Wenn du magst schau es dir vor dem Ausfüllen an oder blätter es über.

Ergänze die Wortsammlung.
Kreise die Begriffe ein, die du gerne für deine Genitalien nutzt. Streiche die
durch, die du schlimm findest.
Wer sagt was?
Was fällt dir an den Begriffen auf?

MUSCHI   VAJAYJAY

        PECKER
                        DICK
VULVA PUNANI
                   PUSSY
  DA UNTEN
              KLEINER MANN

      DICKCLIT   TWAT
SCHLITZ   PENIS   PIMMEL

  WILLY   CUPCAKE

VAG   DONG
    NUDEL   HAHN   SCHWERT

MINI-ME   KIRSCHE MUMU
    SCHEIDE
              SPALTE SCHWANZ
GENITALIEN
        PENISPUSSY   LOCH
PFIRSICH
      MÖSE   WIENER
                        BONER
JOYSTICK
            KITTY
  COOCHIE   MUSCHEL

6

Wenn du magst, wage dich doch mal ran und nimm dir einen Spiegel (oder mach ein Foto) und check deine Genitalien. Zeichne sie hier.

Wenn dir das nicht lieb ist, versuch doch alternativ dein Lieblingskörperteil zu zeichnen oder mach es wann anders.

Genitalienshaming is a thing!

Durch operierte Genitalbereiche und die klare binäre Vorstellung von einer sehr seltenen Norm, schämen sich sehr viele Leute für ihre Genitalien oder finden sie einfach hässlich, weil sie nicht symmetrisch, gebogen, „zu" groß, „zu" klein oder „zu" weit von dieser unrealistischen Norm entfernt sind. Sollte ein*e Sexpartner*in euch auch dieses Gefühl geben, ist das definitiv eine RED FLAG, denn eure Genitalien sind genau so gut, liebenswert und wunderschön, wie ihr es seid: Sehr!

Überlegt euch gut, warum ihr euch zu Personen hingezogen fühlt oder warum ihr euch vielleicht sogar verliebt. Vermutlich sind die Genitalien nie der ausschlaggebende Grund. Und es ist ok sich als hetero oder homo zu bezeichen oder z.B. über sich zu sagen „nicht auf Penisse zu stehen": trotzdem ist es trans- und oder interfeindlich und damit total herabwürdigend einer Person den Laufpass zu geben, weil sie nicht die „passenden" Genitalien hat. Denn wenn ihr euch sehr mögt, dann findet ihr auch einen konsensualen Weg, auf welcher Ebene auch immer, Zeit zu teilen.

PS: Außerdem wollen auch nicht alle trans Personen eine Operation an ihren Genitalien durchführen lassen: Die Frage nach den Genitalien ist also immer und an alle Personen sowieso nur dann zu richten, wenn es sinnvoll ist und sich alle wohlfühlen

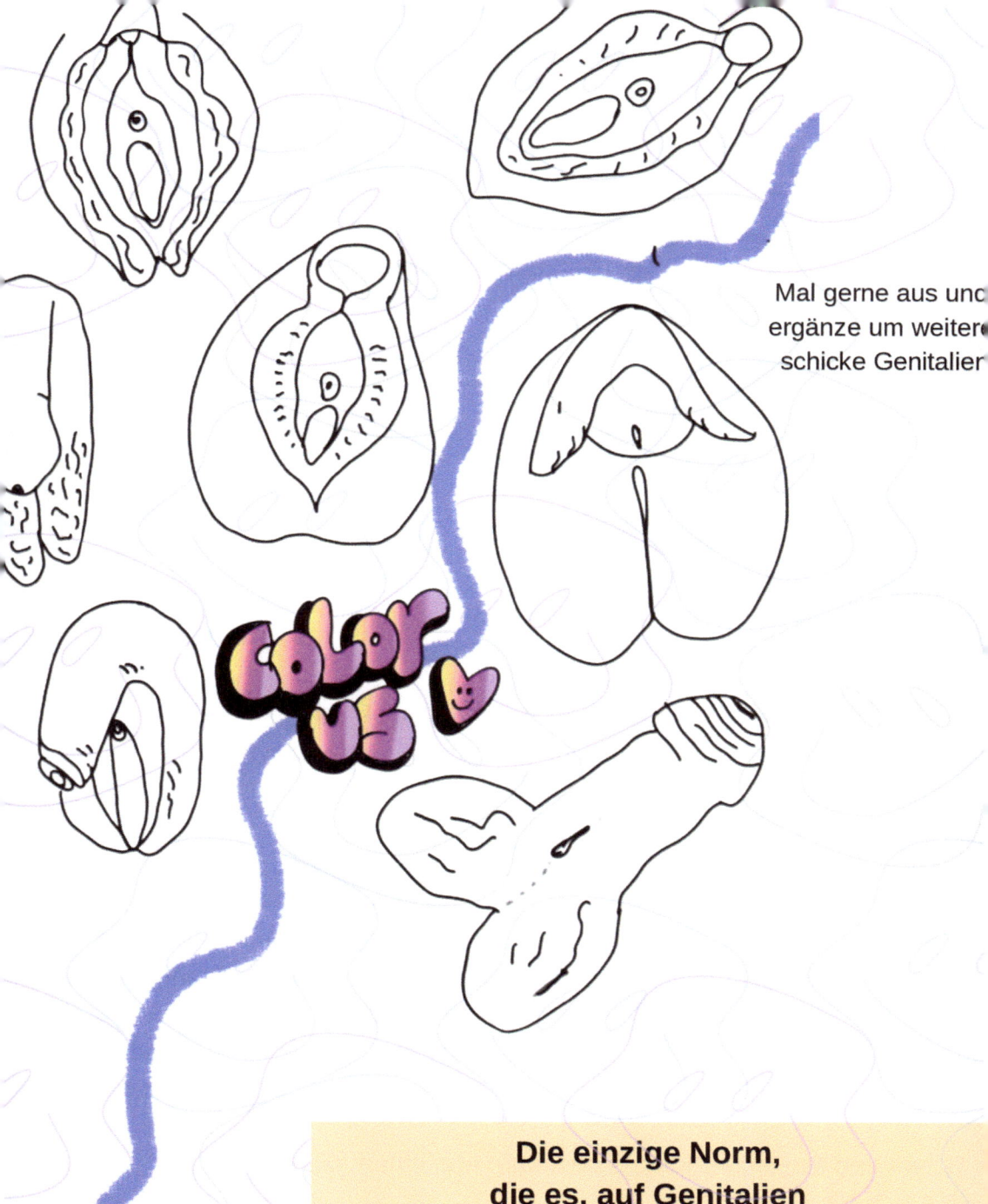

Mal gerne aus und
ergänze um weitere
schicke Genitalien

**Die einzige Norm,
die es, auf Genitalien
bezogen gibt,
sollte VIELFALT sein <3.**

VULVA OWNERS CAN GET BONERS

Boner engl. = Ständer •

**wie auch immer du deine Genitalien nennst:
alle haben Schwellkörper**

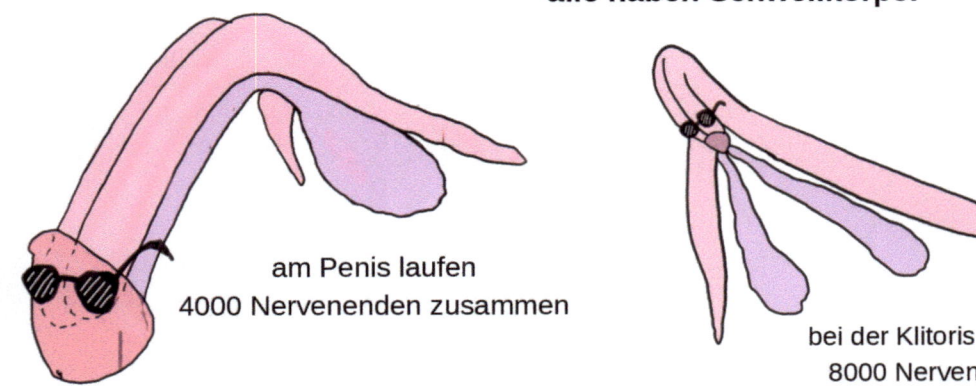

am Penis laufen
4000 Nervenenden zusammen

bei der Klitoris sind es
8000 Nervenenden

Wie der Penis hat auch die Klitoris Schwellkörper, die steif werden.
Klitoris und Penis sind also homologe Organe, haben also die gleiche
Grundstruktur.

Die Klitoris hat jedoch nur eine Funktion:
zur sexuellen Erregung beizutragen.
Damit ist die Klitoris das einzige Organ, das nur für die Lust da ist!
Sie hat eine Länge von zwei bis vier Zentimetern, der sichtbare Teil, ist oft
von Vulvalippen und der Klitorisvorhaut bedeckt.
Die Klitoriseichel, enthält zahlreiche sensorische Nervenendungen, ist also
meeega sensibel.

Schaft und Eichel der Klitoris bestehen aus einem Gewebe,
das sich bei Erregung mit Blut füllt,
sodass sich die Klitoris vergrößert und erigiert.

Wie wichtig ist es dir? Hat es sich im Laufe deines Lebens verändert?

Wie ist es mit Genitalien von anderen Personen?

Kennst du Scham in dem Zusammenhang und wie gehst du damit um?

Wie ist dein Verhältnis zu deinen Genitalien?

any thoughts?

CHECK IN:
wie gehts dir? Magst du grade weitermachen oder lieber wann anders?

Wenn du dich mit deiner Lust beschäftigst, merkst du schnell:
Genitalien sind viel mehr als Fortpflanzungsorgane.
Trotzdem muss Sex nicht genitalzentriert sein.

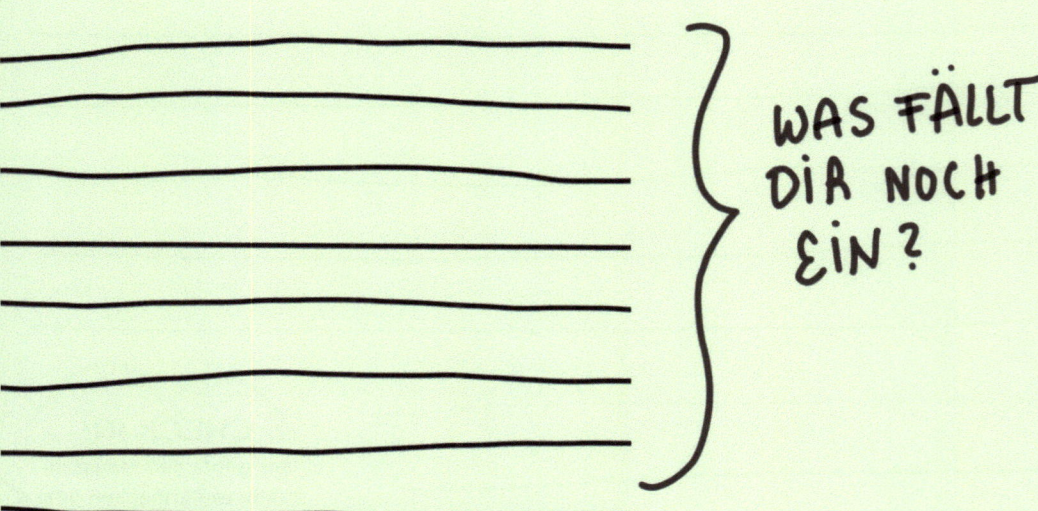

Lange Küsse,
Massagen,
Reibung oder Druck,
andere erogene Zonen, wie Ohren, Schenkelinnenseite oder Anus,
Sprache zum Beispiel beim Telefonsex oder Sexting

WAS FÄLLT
DIR NOCH
EIN ?

...all das kann auch Gegenstand von Sex sein!

Gerade für Leute, die aus verschiedenen Gründen wenig Lust auf Sex haben oder doll in der*dem eigenen Sex-Autopilot*in agieren, kann es sich lohnen Sachen auszuprobieren. Außerdem kann ein zu starker Fokus auf den Orgasmus zu Anorgasmie führen - das ist keine Krankheit, sondern einfach eine Schwierigkeit zum Orgasmus zu kommen, weil die eigene Lust garnicht ausgekostet wird.

....oder auch nicht!

Trotzdem ist es ganz wichtig hier noch einmal zu betonen, dass weder Orgasmus noch Genitalien zwingend zu deiner Form von Sex dazugehören müssen. Nicht nur Stress, Druck oder schlechte Vorefahrungen, auch Asexualität oder eine Krankheit können der Grund sein, dass jemensch in der Form auch langfristig nicht sexuell aktiv sein möchte. Und es gibt weitere Gründe.
Das ist ok.

Niemand schuldet euch jemals Lust! Und ein Nein braucht keine Rechtfertigung!

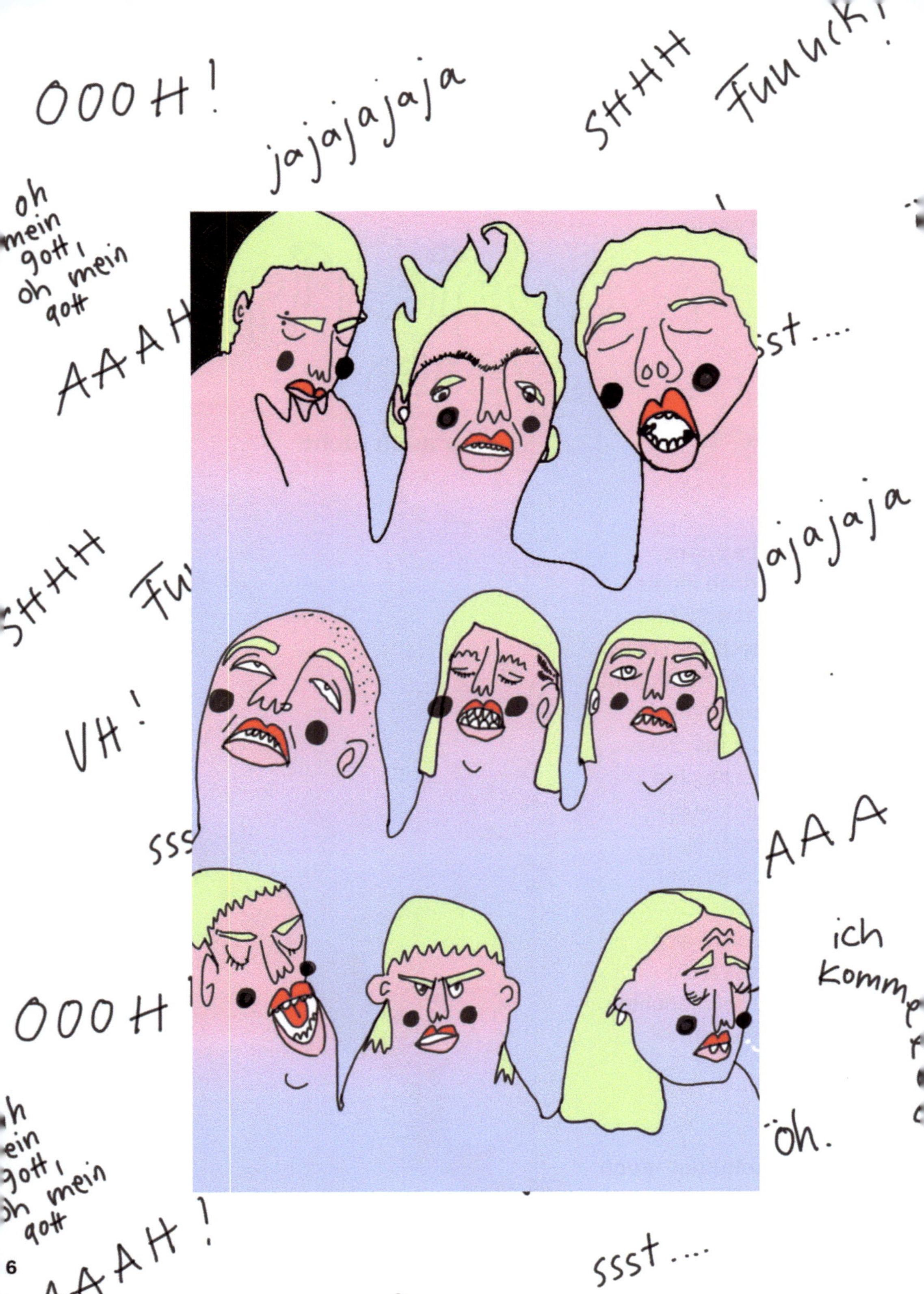

OOOH!

jajajajaja

StHH

Fuuuck!

oh
mein
gott,
oh mein
gott

sst....

AAAH

StHH

Fu

jajajaja

VH!

sss

AAA

OOOH

ich
komm

oh
ein
gott,
oh mein
gott

öh.

AAAH!

ssst....

6

4. RGASMEN

1 Nicht jeder Sex muss einen Orgasmus zum Ziel haben

2 Nicht jeder Orgasmus ist mit einer Ejakulation verbunden

3 Jede*r kann einen Orgasmus, nein, sogar multiple Orgasmen bekommen - Tendenziell kann auch jede*r ejakulieren, auch alle Menschen mit Vulva. (Anleitung bei den Quellen)

4 Orgasmen können und dürfen lange brauchen. Nimm dir/Nehmt euch Zeit.

5 Orgasmen können trainiert werden, genauso wie das Zurückhalten einer Ejakulation.

 Orgasmen stärken unser Immunsystem. Es werden mehr Antikörper produziert, was die Schleimhäute widerstandsfähiger gegen Infektionen macht. Außerdem nimmt die Konzentration des Stresshormons Kortisol leicht ab, was hilft, Stress abzubauen.

Orgasmen sollen gut tun und Dir keinen Stress machen! Es kommt natürlich immer darauf an, wie wohl und sicher du dich fühlst und wie entspannt du bist, es gibt auch Erkrankungen, psychische wie physische, die die Orgasmusfähigkeit einschränken oder Medikamente, bei denen das so ist... Dein Sex kann trotzdem wunderschön und sinnlich sein.

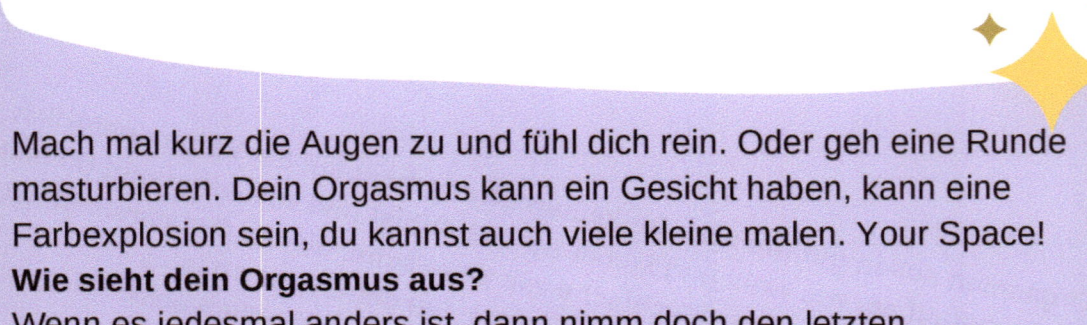

Mach mal kurz die Augen zu und fühl dich rein. Oder geh eine Runde masturbieren. Dein Orgasmus kann ein Gesicht haben, kann eine Farbexplosion sein, du kannst auch viele kleine malen. Your Space!

Wie sieht dein Orgasmus aus?

Wenn es jedesmal anders ist, dann nimm doch den letzten.

Wenn du keine Orgasmen bekommst oder nicht sicher bist, dann male dein schönstes sexuelles Erleben <3

Wenn du Ausmalen magst, leg los!

Golden rule: Konsens

Aftercare

Aftercare bedeutet Nachsorge und ist für viele Personen beim Sex wichtiger, als sie es selbst vielleicht wissen

Aftercare stärkt nicht nur die Beziehung zwischen den Sexualpartner*innen, sondern kann auch eine Art Prävention sein, nach dem Sex nicht alleine in ein Tief zu fallen oder, bei Personen, die sexualisierte Gewalt erlebt haben, sogar retraumatisiert zu werden.

Aftercare ist in der BDSM Szene schon lange ein Begriff und beschreibt einfach, nach dem gemeinsamen Sex beieinander zu bleiben und sicherzugehen, dass es der/den anderen beteiligten Person/en körperlich und seelisch gut geht. Auch Aftercare lässt sich vorher besprechen!

Was mensch braucht, ist natürlich total verschieden und hängt sowohl von der Einzelperson als auch von der Beziehung und der Form des Sex ab.

Zusammen spazieren gehen

>Wie geht es Dir?<

>Was brauchst Du jetzt?<

>Was zu trinken anbieten.

Essen bestellen

Film gucken

kuscheln

Massieren

gemeinsam über den Sex von grade sprechen

evtl. Wunden versorgen

zusammen Duschen

gemeinsam lachen

Deine Traum Aftercare:

_____

_____

_____

_____

_____

_____

_____

_____

Was ist denn die Norm und wer bestimmt sie?

Mainstream Porno ist für viele Aufklärung und erzeugt Druck, wie Sex abzulaufen und auszusehen hat, bildet aber die Realität überhaupt nicht ab (will er auch nicht). Gemacht ist Mainstream Porno oft für cis-männliche hetero Personen und gezeigt werden oft unrealistische Körperbilder, reibungslos funktionierende, unendliche Stellungswechsel - oft mit Penetration verbunden - und es wird kaum Kommunikation oder Aftercare gezeigt.

DAS sollte jedenfalls nicht normal sein, stützt Patriarchat sowie Heteronormativität und sorgt für unmögliche Ansprüche an eine*n selbst (Performancedruck) und nicht selten dafür, dass Leute ihre eigene Sexualität unterdrücken.

> **Und wenn es generell nichts für dich ist, anderen Leuten bei der Ausübung ihrer Sexualität zuzuschauen oder das Scham oder Ekel in dir hervorruft, ist das auch völlig in Ordnung, dann lass es sein- niemensch muss Pornos gucken.**

Porno hat nicht den Anspruch, Realität zu zeigen, sondern (manchmal verbotene) Fantasien anzuregen oder darzustellen-es gibt aber auch Porno, der anders ist, sich nicht nur an cis-Männer richtet und Konsens, echte Lust und echte Körper zeigt Lasst euch, wenn ihr wollt, von Pornos inspirieren und traut euch gemeinsam oder alleine, etwas auszuprobieren.
Dafür kann es hilfreich sein, Pornos in einem ganz nicht-sexuellen Kontext zu schauen oder zu besprechen, auch mit Personen, mit denen keine sexuelle oder romantische Bindung besteht. Manchmal ist es auch gut, sich übers Filmeschauen zu informieren, wie Sachen umsetzbar sind, die geplant oder gewünscht sind.

Kink & Fetisch

Wenn du bemerkst, dass du einen Kink hast oder entwickelst auf etwas, was du bisher nicht in den Sex einbindest, kannst du deine*n (Sexual-)Partner*innen darum fragen, ob ihr das vielleicht mal einbauen könnt. Ein Kink kann dabei alles sein, woran du Interesse hast und muss nichts mit Fesseln oder Rollenspiel zu tun haben (darf es aber ;-)) - es kann ein Gegenstand, ein Stoff, ein Raum, ein Körperteil, eine Flüssigkeit- es kann alles sein. Wenn Leute also z.B. auf ihrem Datingprofil ~kinky~ stehen haben, sagt das kaum etwas darüber aus, was die Person mag, sondern eher, dass sie offen ist, Sachen beim Sex einzubauen, die nicht "gängig" sind. Frag doch nach, ob die Person dir Kinks verrät, die er*sie mag.

Bei einem Fetisch ist es so, dass nicht "nur" ein Interesse besteht, sondern alleine Gegenstand/ Körperteil/ Raum/ etc. sexuelle Erregung auslösen. Auch das ist völlig ok und nicht krankhaft, solange du selbst nicht darunter leidest und keine Personen(gruppen) generell fetischisierst(!). Sollte eins davon der Fall sein, dann informiere dich über Paraphilie und kümmere dich bitte um eine Sexualtherapie.

Don't get me wrong: Es ist OK bestimmte Körpermerkmale von Personen heiß zu finden - was absolut nicht in Ordnung ist, Personen auf diese zu reduzieren oder deinen Fetisch an und mit ihnen auszuleben, ohne sie davon wissen zu lassen.

Let's get Kinky

Wenn du etwas ausprobieren möchtest, trau dich ruhig, deine Wünsche öffen zu machen. Es gibt kein Tabu, wenn sich alle wohlfühlen. Wenn du keine Möglichkeiten, nicht genug Wissen hast oder dich nicht traust, wen zu fragen, kann es auch eine gute Idee sein, Sexarbeit in Anspruch zu nehmen und dafür zum Beispiel in ein BDSM Studio zu gehen. Generell ist es völlig in Ordnung sexuelle Dienstleistungen in Anspruch zu nehmen - vorausgesetzt die anbietende Person ist volljährig und geschäftsfähig.

Es gibt auch Homepages, auf denen du Leute treffen kannst, die zum Beispiel einen Kink mit dir teilen. Wie auch auf Sexparties oder beim Cruising ist hier allerdings Vorsicht geboten und mein Tip bei Online Dating sowieso unbedingt dich zuerst tagsüber und in der Öffentlichkeit mit den Personen zu treffen um abzuchecken ob du ihnen wirklich vertrauen kannst und das Gefühl besteht, dass ihr wirklich einen Konsens findet, über das was ihr plant.

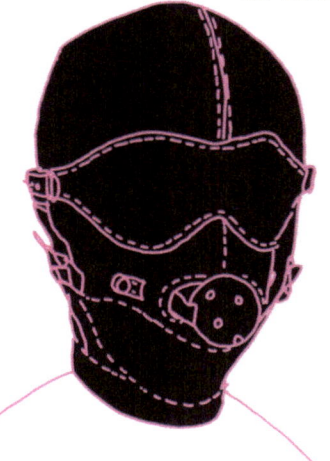

Es gibt so viele Möglichkeiten, Dinge auszuprobieren und dass es diese Möglichkeiten gibt, kann Druck machen. Auch hier gilt unbedingt: Dein Sex, dein Körper: du entscheidest.Taste dich langsam an Themen ran, wenn du Lust drauf hast, lass Fantasien entwickeln, bevor du etwas überstürzt und pass bitte immer gut auf dich auf.

any thoughts?

Pleasure over PERFORMANCE

Kennst du es, beim Sex, in Performancedruck zu verfallen?
Was meinst du, warum das (der dir oder anderen) so ist?

Wie ist es für dich, wenn du Sex mit einer anderen Person hast und diese nicht zum
Orgasmus kommt? - bzw wie stellst du es dir vor?

Hattest du schon Sex, der ohne ein Berühren der Genitalien auskam?
Wie war das?

Schaust du Pornos?

wenn ja: Welche Botschaften werden transportiert?
Spielt Konsens eine Rolle?
oder auch: bezahlst du (immer) dafür?
Hast du dich schonmal unter Druck gesetzt gefühlt aufgrund dessen, was gezeigt
wird und in welcher Form?
wenn nicht: Was ist der Grund dafür keine Pornos (mehr?) zu schauen?
Gibt es andere Lustanregende Sachen, die du beim Solosex
schaust/ hörst oder nicht?

_____

_____

_____

_____

_____

_____

_____

_____

_____

_____

_____

CHECK IN:
wie gehts dir? Magst du
grade weitermachen oder
lieber wann anders?

Du bist so schön.
Dein Körper ist schön.
NO! MATTER! WHAT! THEY! SAY!
NO! MATTER! WHAT! SOCIETY!
SAYS!

Und Deine Lust auf dich, auf
andere, auf Körpererfahrungen,
darfst du ernstnehmen!
Du kannst und darfst *guten*
(was auch immer das für dich
heißt) Sex haben!

Und du bist sexy, wenn du dich
sexy fühlst,
nicht wenn du 90-60-90 Maße oder
einen
halben Meter Penislänge hast!

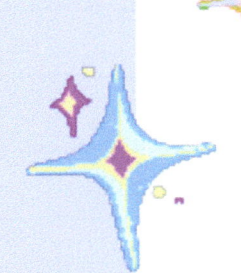

Wie fühlst du dich sexy?

Und damit ist nicht gemeint: wie bekommst du die meisten Komplimente oder in welchen Klamotten wirst du oft angesprochen, sondern: wann schaust du in den Spiegel und findest dich selbst zum Anbeißen?

Manche fahren auf bestimmte Stoffe oder Materialien ab, ist das bei dir auch so? Oder macht es einfach „nur" der Look? Gibt es eine Fantasie, die du gerne umsetzen würdest? Oder eine, die Fantasie bleiben soll? Was ziehst du am liebsten an um dich richtig sexy zu fühlen, bzw. was würdest du gerne mal anziehen? Oder brauchst du sowas nicht und findest dich nackt am schickesten? Oder hast du momentan gar keine Lust auf sexy sein?

Mal wieder: **Das alles! Ist! Völlig! Ok!**
Vielleicht wird die nächste Seite ja der Anlass für einen Shoppingbummel oder eine Näh-session!

- schöne augenbrauen
- bunter lippenstift
- körperbetonte kleidung
- netzoberteile
- baggys
- ein herbes parfüm
- ein süßes parfüm
- schnurbart
- piercings
- besonders _____piering
- kurzhaarfrisuren
- lange kleider
- viel schmuck
- auffälliges augenmakeup
- glitzer!
- harnesses
- spitzendessous
- feinripp
- latex
- gebräunte haut
- corsage
- bademantel
- 60s Mode
- trainigsanzug
- pediküre
- choker
- bondage lingerine
- seide
- lange haare
- körperbehaarung
-
-
-
-
-

OPTISCH TOTAL MEIN TYP! ..finde ich hot an mir und/oder anderen leuten

- silokonimplantane
- lange fingernägel
- goldzähne
- tücher im haar
- ganz glattrasierte haut
- leinen
- unterwäsche von_____(marke)
- crop tops
- tunnel
- ledermäntel
- langer bart
- tattoos
- cap
- hohe stiefel
- plateauboots
-
-
-
-
-

CHECK IN:

wie gehts dir? Magst du grade weitermachen oder lieber wann anders?

WOW! - dein SEX

Jede Person hat eine ganz eigene sexuelle Biografie, angefangen bei der Geburt.

In wie weit war Sexualität ein Thema als du ein Kind warst?

Gab es erste Erfahrungen im Kindergarten oder Grundschulalter?

Welche Sprache gab es für Sexualität dort, wo du aufgewachsen bist?

(Wann) hast du dich zum ersten mal selbst befriedigt?

Wer hat dir Fragen zur Sexualität beantwortet?

NOW

BIS HIER ♥ ♥ ♥

Wann hast du verstanden, was dein Gender ist?
Mit welchen Rollenerwartungen warst du schon konfrontiert??
Wie und mit wem hast du bisher enge Beziehungen gelebt?
Wie verlief dein Sexleben bis zum heutigen Tag,
gab es besondere Erfahrungen oder Erlebnisse?
Was war besonders?

Wenn du noch mehr Platz für Gedanken brauchst, dann ist hier noch mehr
Ist ja auch ein ganz schön großes Thema.
Du kannst Fragen aus den vorherigen Seiten beantworten und/oder auch:
Was ist besonders, warum glaubst du, bist du da, wo du jetzt jetzt stehst?
 Wie geht`s dir danach?

zu deiner sexuellen Biografie

_____

_____

_____

_____

_____

_____

_____

_____

_____

_____

_____

_____

_____

_____

CHECK IN:
wie gehts dir? Magst du
grade weitermachen oder
lieber wann anders?

Keine Panik, Wissen schützt:

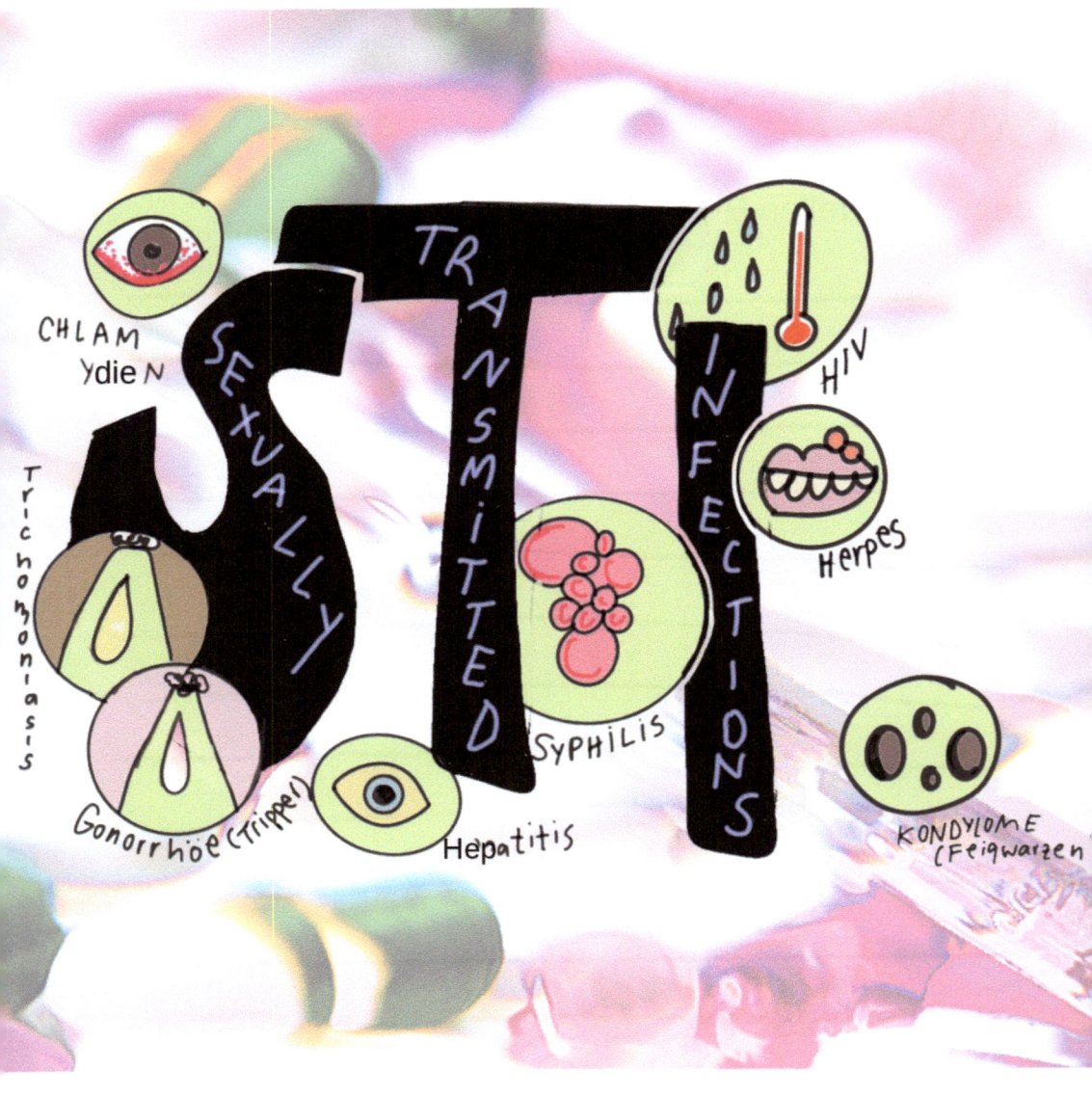

übertragen sich schnell und können richtig schlimme Folgen haben.

(STI= Sexually Transmitted Infections
deutsch: Sexuell Übertragbare Infektionen)

Leider doch!

HPV kann durch Oralverkehr übertragen werden. Außerdem besteht das Risiko, dich mit Chlamydien, Gonorrhöe oder Syphilis anzustecken. Auch Pilzinfektionen und Herpes können übertragen werden, HIV - wenn man eine Wunde oder Entzündung im Mund hat auch.

Was für eine faule Ausrede!

Wenn ihr ~Liebe machen~ wollt, dann zeige der Person, die du liebst Respekt, in dem du sie und dich schützt. Als nächstes lade sie zu einem STI Test ein und einige dich mit ihr auf eine monogame Beziehung.
Easy as that.
;-)

Ey, so schonmal garnicht!

Es ist immer OK darauf zu bestehen, zu verhüten, selbst wenn es "relativ" sicher ist. Und das ist manchmal schwer, besonders, wenn Druck erzeugt wird.
Hör auf dein Gefühl (vorallem wenn es schlecht ist) und nimm dich selbst wichtig, indem du dich schützt- oder abbrichst.
Wenn die Person ehrliches Interesse hat, gibt es ein nächstes Mal.

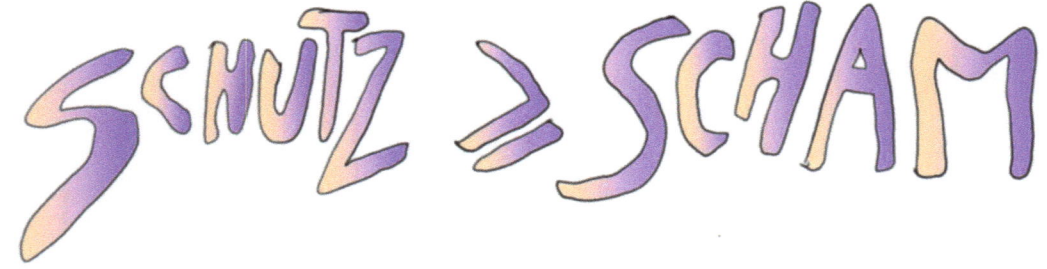

SCHUTZ ≥ SCHAM

Sexuell übertragbare Krankheiten treten viel öfter auf, als den meisten klar ist. Oft werden Symptome auch garnicht erkannt.
Scham und Angst sind ein weiterer Grund warum Einige, sowohl vor medizinischen Fachleuten, als auch vor (Sex-)Partner*innen und Freund*innen, nicht darüber sprechen wenn sie eine STI haben.
Das Stigma muss weg!

Wenn bei dir also eine STI festgestellt wird, **musst** du mit deinen Sexpartner*inne
sprechen. Das ist schwer, aber wichtig, damit auch sie sich untersuchen und, wer
nötig, behandeln lassen können. Es ist nicht schlimm, eine STI zu haben od
weiterzugeben. Schlimm ist es nur, deine Mitmenschen nicht zu schützen, indem d
sie nicht einweihs

> UND ICH HAB' GANZ KOMISCH- AVSFLVSS BE- KOMMEN!

> OWEH, OKAY! DANN LASS DAS BESSER CHECKEN & HALT MICH AUF DEM LAUF- ENDEN. GVT, DASS DU BESCHEID GIBST.

STI-TEST

Bei www.liebesleben.de/fuer-alle/lass-dich-beraten/

gibt es die Möglichkeit für eine **Online- oder Telefonberatung**.
Dort findest du auch **Beratungs- und Teststellen in deiner Nähe!**
Die Krankenversicherungen übernehmen die Kosten für einen Test, wenn du Symptome hast oder deine Partner*in(nen) bereits eine STI haben.
Ohne Symptome kostet der Test oft Geld, ergibt aber Sinn wenn du mit einer/ mehreren Personen gerne auf Verhütung verzichten magst. Es lassen sich auch Selbsttest-kits im Internet nach Hause bestellen.

wie überträgt sich was?
was sind Symptome?
was kann ich machen?
wogegen gibts ne Impfung?
wie oft passiert so ne Infektion?

JETZT NE RUNDE bingo

Es liegt in deiner Hand. Kreuze die Felder ab, in denen STIs stehen, über die du genug weißt. Beschäftige dich kurz mit den anderen, sodass du Anzeichen erkennen kannst.

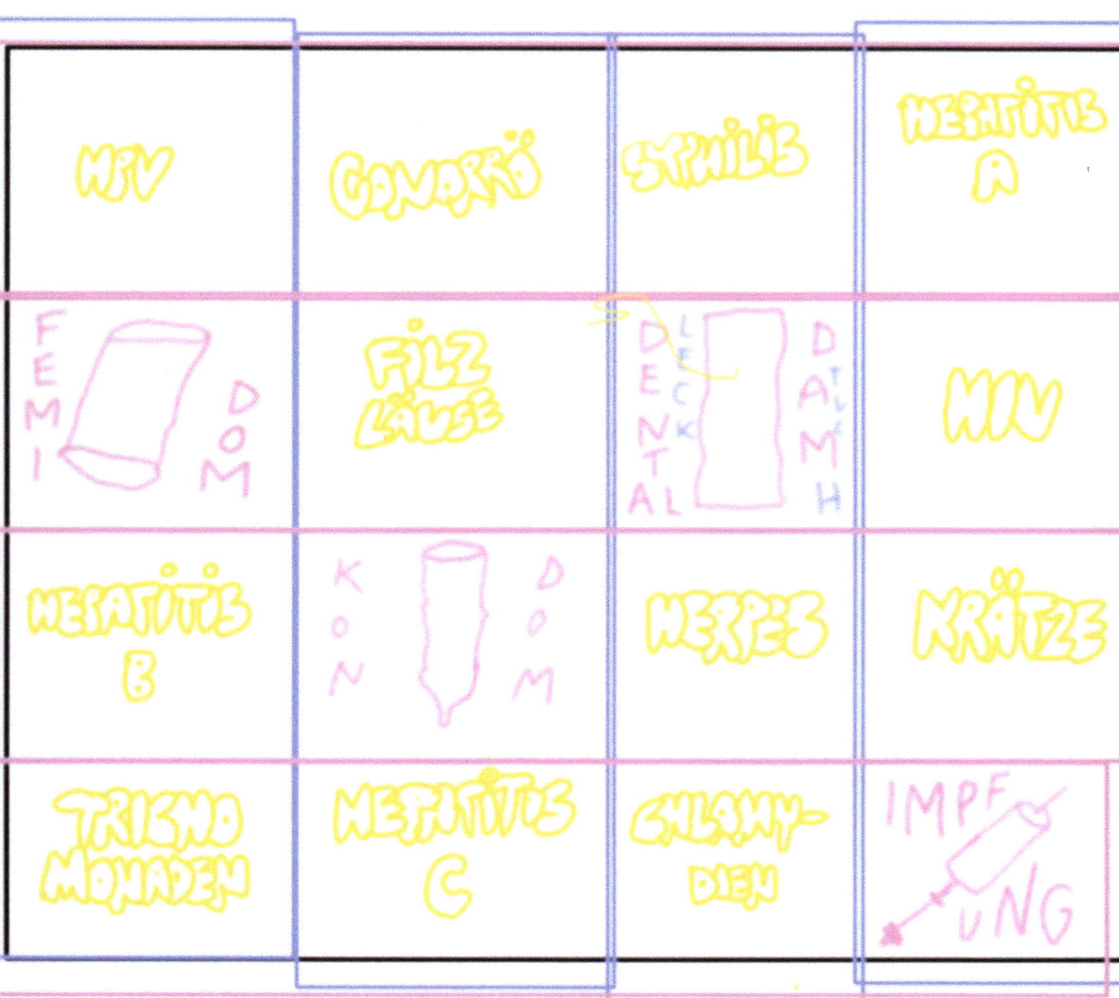

Schütz Dich und andere, indem ihr immer Lecktücher oder Kondome nutzt, wenn ihr nicht sicher gehen könnt ganz gesund zu sein. Sei dir selbst wichtig und fordere Verhütung ein!

any thougts? zu STI?

Wie ist dein Umgang mit Safer Sex und Verhütung?

Sorgt das Thema für Stress, Scham oder ganz andere Gefühle?

Bist du mit deiner Art der Verhütung zufrieden und fühlst dich sicher?

Möchtest du dir für die Zukunft etwas vornehmen?

CHECK IN:
wie gehts dir? Magst du grade weitermachen oder lieber wann anders?

Radikale Ehrlichkeit

- auch mit dir selbst -

Und nochmal zur Erinnerung:
Gelungener Sex passiert auf Augenhöhe (außer ihr besprecht
es vorher anders in einem Spiel und habt ein Safe-word/ Geste
dafür).
Alle Teilnehmenden haben immer das Recht, *NEIN* zu sagen,
auch zu einzelnen Aktivitäten.
Auch du.
Immer.
Und wenn dein Gegenüber das kann und tut, nimm es nicht
persönich, sondern als einen Vertrauensbeweis für euer
Miteinander.

Und es ist auch völlig in Ordnung über einen langen Zeitraum keinen
Sex mit Anderen haben zu können oder zu wollen- auch, wenn du in
einer Liebesbeziehung bist.

Um Einvernehmen, um Konsens herzustellen, braucht es Worte- du
konntest im Laufe des Bearbeitens dieses Heftes einiges in Worte
fassen. Ein Schritt weiter wartet das Aussprechen und Teilen dieser
Worte.

Im Anschluss findest du ein paar Lückentexte.
Die sind für dich selbst, für Partner*innen, vielleicht sind sie
sogar an wen Bestimmtes gerichtet, vielleicht an wen, den*die
es (noch) gar nicht gibt, oder einfach zur Übung.
Füll sie aus, wie und wann du es magst.
Versuche auch mal, dir etwas daraus laut vorzulesen.

Hey   , ich würd gern über unseren Sex sprechen.

Ist das gerade ok?

ich finde es soo   mit dir   .

                   und zu   .

                   genieße ich besonders.

Es fühlt sich gut an, wenn   , kannst du das vielleicht noch etwas

machen?

Wenn   ich   masturbiere   mache   ich   das   meistens

oder

Ich benutze   dabei.

Hast du das schonmal gemacht?

Magst du eigentlich gerne   ?

Ich gucke gerne Pornos über   oder

über   - gefällt dir das auch?

Was für Pornos guckst du?   Wollen wir sie uns mal zeigen?

Ich würde schon so lange gerne mal   ausprobieren.

Und kannst du dir vorstellen mich nach dem Sex   ?

Hey Hübschi, gefällt dir mein   ?
Worauf hast du Bock?

Ich hab mega Lust auf   und bin auf
der Suche nach   UND DU?

Eher nicht ;-)
Aber wir könnten   .

10

Wenn du dein/e/n .... ist mir das zu ...., kannst du das vielleicht .... machen?

Und .... ist gar nicht mein Ding. Könnte mir aber vorstellen das bei dir zu machen, möchtest du das? ....

Ich hab so Lust dich zu .... - kannst du dir noch eben den/die/das .... waschen?

Und wenn du dein/e/n .... in/an/auf mein/e/n .... tust, werde ich .... Darf ich das auch mal bei dir ausprobieren?

Wie findest du es denn wenn ich ....?
Ich würde gerne mal ...., kannst du dir das auch vorstellen?

Stop! Ich bin heute nicht in der Stimmung für .... Können wir heute vielleicht einfach ....?

Ich habe Unsicherheiten dir .... kannst du mir nochmal zeigen/sagen, wie du dir das genau wünscht?
Aaah, ok so? Schneller? Sanfter?

Gefällt dir das?
Kannst du mich ....?
Ich hab hier noch ...., können wir das benutzen?

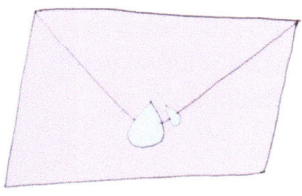

Ich hab so Lust mal was anderes auszuprobieren, aber über Sex zu sprechen fällt mir währenddessen voll schwer, können wir uns dafür mal Zeit nehmen?

GLOSSAR

(geordnet nach Auftauchen im Heft)

Zine - aus dem englischen Wort *magazine* abgeleitet, bedeutet soviel wie Heft/Magazin. Der Begriff wird meist für selbstgemachte Hefte verwendet.

Konsens - kommt vom lateinischen *consensus* und bedeutet soviel wie *Zustimmung/ Einwilligung*. Im sexuellen Kontext bedeutet Konsens, dass alle beteiligten Personen den gemeinsamen Handlungen zustimmen und diese Zustimmung auch äußern können.

Pronomen - sind Worte, die Namen oder Nomen im Kontext eines Satzes vertreten. z.B. Flix (Pronomen *er/ihn*) isst ein Eis = *Er* isst ein Eis. Flix gibt Lala (Pronomen *they/them*) ein Eis aus = *Er* gibt *them* ein Eis aus. Pronomen können Leuten nicht angesehen werden- Wenn du dir unsicher bist, frag nach.

Queer - bedeutet im Englischen soviel wie *merkwürdig; andersartig* und wurde in der Vergangenheit als Beledidigung gegen homosexuelle Personen verwendet. Die Community eignete sich dieses Wort als empowernde Eigenbezeichnung an und verwendet es heute für jede Lebensform abseits der Heterosexualität und Geschlechtsbinarität.

Heteronormativität - beschreibt den Zustand, wenn eine heterosexuelle, monogame Lebensführung in einer Kultur als 'die Norm' angesehen wird. Dieser Zustand führt dazu, dass alle anderen Lebensrealitäten, die abseits derer stattfinden gesamtgesellschaftlich weniger sichtbar sind und nicht selten als fremdartig oder seltsam abgetan werden.

Gender - Geschlechtsidentität des Menschen als soziales Konstrukt. Gender ist ein Teil jeder Identität und kann in sehr vielen Facetten bewusst oder unbewusst gelebt werden. Gender ist dementsprechend nicht erkennbar oder (bio-)logisch.

fluide - vom lateinischen *fluidus; fluere* = fließen. Im Kontext von Sexualitäten ist damit gemeint, dass sich eine individuelle empfundene Sexualität oder Identität im Laufe eines Lebens verändern kann und häufig nur eine Momentaufnahme ist.

Coming Out - von "coming out of the closet", sich also nicht mehr verstecken müssen. Im Gegensatz zum "Outing" ist das Coming Out selbstbestimmt und frei. Der Bergiff "Outing" beschreibt nämlich eher die gewaltvolle Situation, in der eine Quere Person von andereren geoutet wird.

Solidarität - beschreibt das gegenseitige Eintreten für die Interessen, Ideen, Aktivitäten und Zielen eines Anderen. Dabei spielt in Beziehungen und Freund*innenschaften auch Loyalität eine Rolle. Das ist hier quasi eine Selbstverpflichtung dafür, dass sich eine andere Person auf dich verlassen kann.

Trauma - ein Trauma bezeichnet eine starke psychische Erschütterung, die im Unterbewusstsein meistens noch lange nachwirkt. Eine traumatische Situation betätigt auf neurologischer Ebene die Reflexe, die lebensnotwendige Körperfunktionen am Laufen halten, schirmt aber die Psyche vom Erlebten ab. Häufig 'speichern' sich dadurch Erinnerungen im Körper auf die der traumatisierte Mensch nur bedingt Zugriff hat.

Trigger - vom englischen Wort trigger = Abzug. Trigger bezeichnet einen Reiz aus der Umwelt, der für einen traumatisierten Menschen mit dem Ereignis des Trauma verknüpft ist. Das kann zum Beispiel ein Geruch, ein Geräusch, eine bestimmte Berührung oder bestimmte Worte sein. Neurologisch kommt es beim Auslösen eines Triggers zu einer ähnlichen (Körper)reaktion wie in der traumatischen Situation selbst.

Marginalisierung - (lat.: margo „Rand") ist ein sozialer Vorgang, bei dem Bevölkerungsgruppen an den „Rand der Gesellschaft" gedrängt werden und dadurch nur wenig oder nur erschwert am wirtschaftlichen, kulturellen und politischen Leben teilnehmen können.

BDSM - ist eine Sammelbezeichnung für die englischen Begriffe Bondage (Fesseln), Discipline (Disziplin), Dominance (Dominanz) and Submission (Unterwerfung), Sadism (Sadismus- die Lust am Schmerz) and Masochism (Masochismus- die Lust am Quälen) hierbei geht es um das *freiwillige und kontrollierte* Spielen mit Macht, Unterwerfung, Schmerz und Lust.

Kink/ kinky - ein superweit gefasster Begriff, der im Grunde alles abdeckt, was auch nur etwas vom sogenannten "Blümchensex" abweicht. Wenn also *kinky* in dem Datingprofil deines neusten Match steht, kann es sein dass Outdoorsex, Lederaccessoires oder auch einfach eine Neugier und Offenheit für verschiedenes gemeint ist.Ob du den Begriff für dich und deine Vorlieben nutzen möchtest, entscheidest du.

GLOSSAR 4 U

DU MUSSTEST ETWAS NACHSCHAUEN?
NOTIER DEINE ERKENNTNISSE HIER:

Schnapp dir Friends
oder Vertrauenspersonen
und los geht´s:
Stadt-Land-Fluss *Sex Edition*

CRUSH-Krampf-Kuss

(Ex-) CRUSH	ein KINK	ein Gefühl ☺	No-GO für DICH!	SexPanne	sexuelle HANDLUNG	PUNKTE

HILFE BERATUNG

hilfe-telefon-missbrauch.online/
nina-info.de/
Verein rubicon Köln
lgbt-helpline.ch/
comingout.de/ -> von Jugendlichen für Jugendliche

PORNO

Cheex
Erika Lust
CUMDIFFERENT
Meow Meow
Kollektiv
PorYes Festival

INFO

genderdings.de
wirliebenkonsens.wordpress.com
queer.de
Profamilia
BzgA Bundeszentrale gesundheitliche Aufklärung (auch leichtere Sprache)
linktr.ee/MaditaOeming

BÜCHER

Kommt gut - Jün Pla⁰
Make Love. Ein Aufklärungsbuch von A.-M. Henning & T. Bremer-Olszewsk
How to Be Gay. Alles über Coming-out, Sex, Gender und Liebe- Juno Dawsor
Der Ursprung der Welt von Liv Strömquis⁰
Sei kein Mann von JJ Bola
Gender Kram. Ilustrationen und Stimmen zu Geschlech⁰
Sexpositiv. Intimität und Beziehung neu verhandelt, von B. Roidinger B. Zuschnig
Lets talk about Sex, Habibi- M. Amjahidts

LEICHTERE SPRACHE

lilli.ch/leichte_sprache
profamilia.de/leichte-sprache
donumvitae.org/beratung-hilfe/beratung-in-leichter-sprache/leichte-sprache
leichte-sprache.aidshilfe.de

WORKSHOPS

Nächste Seite:
queerfeindliche Gewalt

queertopia.de
loveyoursex.de/ (Seite noch im Aufbau)
Dein Sex deine Wahl - Initiative für sexuelle Selbstbestimmung
konsenskultur.net/termine

QUEERE SEXSHOPS

(geben auch Workshops)
Fuck Yeah!- Hamburg
Juicy- Leipzig
Other Nature- Berlin
untamed love- Zürich

MEHRSPRACHIGE INFO

ZANZU
LesMigrad
BzgA (Bundeszentrale für gesundheitliche Aufklärung)

VIDEO

Arte Doku: Knick Knack – Was unseren Sex beeinflusst
Arte Street Philosophy über Sexualität
Female Pleasure
Konsenserklärvideo von pinkstinks Germany: Was ist sexueller Konsens?

PODCAST

Podcasts:
Kaffee &
Konsens
Gyncast
Ist das normal?
Trans sein
Der lila Podcast

INSTAGRAM

@whatsmybodydoing (engl.)
@Trans_sein
@alexander_hahne
@erklaermirmal
@mindfulkinkproject (engl.)
@wirhabenlust
@6arbeiterin
@consentwizardry
@lust.faktor macht auch workshops!
@ohvulvina
@sexologisch
@voll.ok

SONSTIGES

Was ist ein Zine? What is a zine? – Queer Zinefest Berlin
FLUTER Thema Geschlechter (kostenlos bei der Bundeszentrale für politische Bildung
Grenzen setzen- ein Arbeitsbuch von LesMigras (gratis Download)
Yella Cremer:Weibliche Ejakulation Kurzanleitung (2020)

Insgesamt wurden im Jahr 2020 **782 Straftaten von Hasskriminalität gegen LGBTIQ+ in deutschland registriert,** darunter 154 Gewalttaten. Die Zahl stieg im Vergleich zum Vorjahr um mehr als 30 Prozent. Die Dunkelziffer ist höher. Der LSVD listet alleine im **September 2022 12 Vorfälle** auf. Seid gemeinsam laut gegen queerfeindliche Gewalt und passt aufeinander auf.

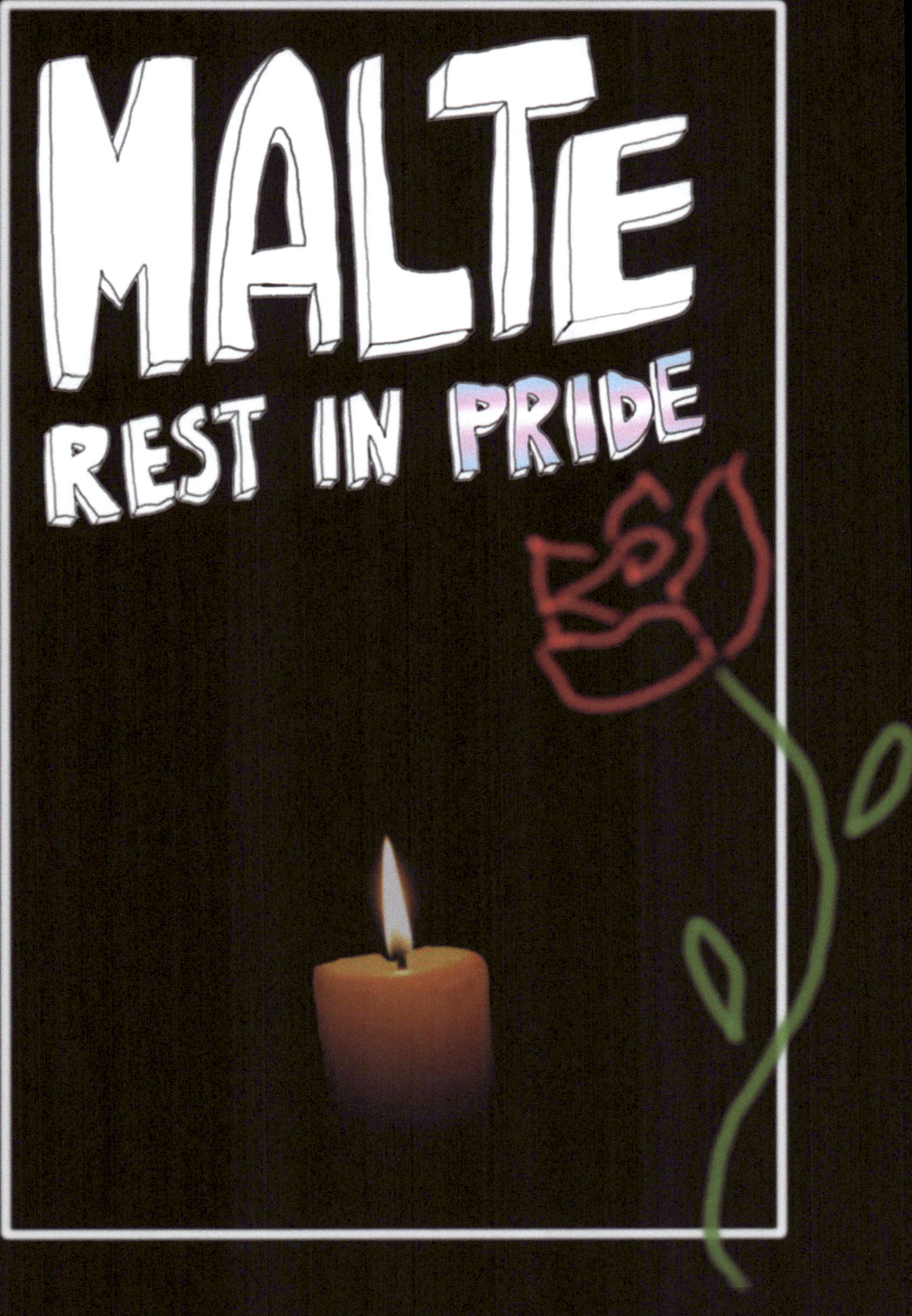
MALTE
REST IN PRIDE

Name: Leo(/nie)

Pronomen: keine/ Leo

Dein Wunsch an dieses Zine:

Dass es Konsens ein bisschen greifbarer macht und und es Leuten hilft sich selbst und ihre Wünsche ernsterzunehmen - nicht nur im sexuellen Kontext. und dass es vielleicht auch ein paar Menschen Spaß gemacht hat, sich damit auseinanderzusetzen, dass es vielleicht zum denken und nachspüren angeregt hat und vorallem, dass wir dann bald ein noch viel wertschätzenderes, radikal ehrliches und konsensbasiertes Miteinander er- und das Patriarchat ab-schaffen. *hehe

DAS WAR'S ERSTMAL!

DANKE, DASS DU DICH EINGELASSEN HAST!

Hast du Rückmeldungen zum Zine, die du loswerden willst?
Schreib mir gern!
Instagram: @leobirdo
Email: leobirdo@riseup.net

Heiß, schauder, gänsehaut, feucht, nass, sptitzen. Lecken, atmen, hauchen, spucken, fingern, schnell, langsam, sanft, behutsam, ungestüm, dreckig, hart, codewort, toy, dildo, penis, vulva, fingernägel, haut, zehen, füße, po, schläge, streicheln, kraulen, duschen, kondom, lecktuch, schutz, geil, ekel, traum, augenbinde, fesseln, workshop, draußen, verkleidung, reißen, ziehen, kreisen, drücken, fester, leichter, stöhnen, brummen, fauchen, genießen, spielen, lachen, küssen, blickkontakt, haare, achsel, wachs, rimmen, strap on, aktiv, passiv, kraft, lust, orgasmus, squirt, sperma, fingern, knabbern, beissen ziehen, schlagen, kratzen, angenehm, sanft, doller, weniger doll, zärtlich, spielend, kichern, pupsen, urin, kot, ängstlich, probieren, zeit, raum, DRUCK, vibration, wärme, kälte, schmerz, pieksen, biente, libido, kink, bdsm, masken, latex, massieren erregen, auffordernd, unangenehm, grenzüberschreitend, wet play, zu viel, angst, schauer, gänsehaut, ficken, bumsen, anal, oral, fetisch, kink, vorsoge, doktorspiel, verkleiden, top, bottom, analkette, vibrator, penisring, masken, haare ziehen, würgen, umarmen, trösten, anhauchen, kerzenwachs, bondage, seile, bett, anrichte, sex im auto, kreisen, tanzen, schmiegen, lachen, furzen, scheißen, doppeldildo, pegging, streicheln, dessous, angst, trigger, handgelenke, fingernägel zu lang, fingernägel zu kurz, kondom, lecktuch, gleitgel, rythmisch, langsam, hart, dirtytalk, rollenspiele, spucken, pissen, squirten, kreisen, pillowquing, nippelklemme, fisting, aftercare, liebeserklärung, augenkontakt, ohr knabbern, achsel streicheln, einspannen, dominieren, machtspiele, gegenstände, lebensmittel, planen, zelte, kleidung, lack, leder, rüschen, zerreissen, kratzen, safe word, nochmal, kichern, popel, penetrieren, flüstern, nackenhaare, intimhaare, zwirbeln, zwicken, aufhören, trinken, wasser, öl, wachs, zu dritt, zu viert, verknoten, zuschauen, zuhören, warten, zwinkern, hauchen, snacken, waschen, eincremen, eindringen, zappeln lassen, ringen, waxing, blasen, petplay, schmusen, ...HAUPTSACHE KONSENS!

Dieses Zine ist als Abschlussprojekt der Weiterbildung Sexualpädagogik beim isp - Institut für Sexualpädagogik - entstanden. Danach habe ich es nochmal überarbeitet. Die Illustrationen sind von mir, Fotos und Design habe ich auf Canva.com erstellt.

**Zig tausend Dank an die Mäuse,
die korrigiert,
Räume zur Verfügung gestellt,
probegelesen,
mitgedacht
und mich den Arm genommen
haben.**

Quellenverzeichnis

Literatur:

- Büttner, Schadwinkel und Stockrahm: Ist das normal? Sprechen wir über Sex, wie du ihn willst.
- Chakravarii, Jaya; Burnley, Clemenjine, Hassoun, Larissa; Tanyılmaz, Tuğba: Empowerment aus LSBT*I*Q-Perspektive in: Birgit Jagusch / Yasmine Chehata (HG): Empowerment und Powersharing, Ankerpunkte – Positionierungen – Arenen
- Dawson, Juno: How to Be Gay. Alles über Coming-out, Sex, Gender und Liebe
- Haerdle, Stephanie: Spritzen. Geschichte der weiblichen Ejakulation
- Geller, Bernd für die BzgA: Sexuelle Vielfalt und Coming-out. Ein Ratgeber für Jugendliche
- Kern, Joris: Konsenskultur- Gemeinsam größer Denken
- Plã, Jüne: Kommt gut
- Plößl, Irmgard; Hammer, Matthias: Irre verständlich. Menschen mit psychischer Erkrankung wirksam unterstützen
- Sahler,B., Besemer C. u.a. Konsens. Handbuch zur gewaltfreien Entscheidungsfindung
- Sielert, Uwe: Einführung in die Sexualpädagogik
- Strömquist, Liv: Der Ursprung der Welt

Webquellen (aufgerufen im März und Oktober 2022)

- lsvd.de/de/ct/426-Die-Homophobie-der-AfD-eine-unberechenbare-Alternative
- vimoe.at:Über Inter* – VIMÖ
- wikipedia.org/wiki/Sex
- plannedparenthood.org : What Is Sexual Consent? | Facts About Rape & Sexual Assault
- geo.de/magazine/geo-kompakt/6154-rtkl-geheime-botschaften-was-wir-beim-kuessen-ueber-uns-verraten
- consentwizardry.com
- queer-lexikon.net/2017/02/11/folge-5-orientierungen/
- zdf.de/nachrichten/panorama/who-studie-gewalt-partnerschaft-frauen-100.html
- bpb.de: Sexuelle und geschlechtliche Selbstbestimmung als Menschenrecht | bpb.de
- rainbowfeelings.de/coming-out-was-bedeutet-das/
- oiigermany.org/inter-und-sprache-eine-broschuere-des-antidiskriminierungsprojekts-von-triq
- wordpress.com: Fragen zu Consent: Einvernehmen/ Einverständnis
- antidiskriminierungsstelle.de/DE/ueber-diskriminierung/diskriminierungsmerkmale/sexuelle-identitaet/sexuelle-identitaet-node.html
- noblogs.org: Konsens lernen (pdf)
- liebesleben.de/fuer-alle/sexualitaet/was-bedeutet-sexualitaet/
- QUEER KINK | FEM ZINE (femzinelondon.com)
- Alltag: Homophobe und transfeindliche Gewaltvorfälle in Deutschland (lsvd.de)